KUNTERBUNTE VORLESEGESCHICHTEN

Von Hexen, Nixen und besten Freundinnen

Ravensburger Buchverlag

Inhaltsverzeichnis

Wie Sissi Seesternchen zu ihrem Namen kommt 8

Der kleine Delfin 15

Eine Freundin für Sissi Seesternchen 22

Im Kindergarten 29

Ein neuer Freund 36

Die verhexte Lampe 43

Euphrosia, die Wetterhexe 46

Schlechte Laune 49

Marie kann nicht mehr warten 52

Die Hauptperson 55

Ein gefährlicher Ausflug 60

Gretchen im Räuberhaus 67

Du bist nicht mehr meine Freundin! 76

Junge oder Mädchen 83

Der Gutenachtkuss 90

Baden mit viel Schaum 96

Ein großes Durcheinander 99

Dido schläft woanders 102

Das Sandmädchen 107

Wer küsst den kleinen Igel? 116

Wie Sissi Seesternchen zu ihrem Namen kommt

Sissi, die kleine Nixe aus dem Seerosenteich, wacht auf. Es ist noch früh am Morgen. Gerade geht die Sonne auf. Ein kleiner Wind bläst und die Wellen fangen an zu glitzern. Alles ist wie immer, nur die Frösche im Uferschilf quaken laut und aufgeregt.

Sissi schwimmt zum Ufer und entdeckt ihre beiden Lieblingsfrösche Fritz und Fanny.

„Was ist los mit euch?", fragt Sissi.

„Schlechte Nachrichten", schnarrt Fritz Frosch.

„Quak, quak", jammert Fanny Frosch. „Die Störche sind wieder da."

Aber die kleine Nixe freut sich. „Ist Sigmund auch dabei?", will sie wissen. Sigmund ist ihr Lieblingsstorch und den Winter über immer in Afrika. Aber er kommt jedes Frühjahr wieder und wohnt im Dorf auf dem Dach des Gasthofs.

„Wo ist Sigmund jetzt?", fragt Sissi.

„Er repariert gerade sein Nest", quakt Fritz Frosch.

„Die Schwalben haben es gesagt", erklärt Fanny Frosch. „Hör mal, was für einen Lärm sie machen."

Die Dorfschwalben zischen kreischend im Zickzack über den Teich und jagen Mücken.

„Unsere Schwälbchen im Nest haben Hunger", schreien sie. Sissi winkt ihnen zu und ruft: „Sagt Sigmund Storch einen schönen Gruß und er soll mich bald besuchen!"

„Bloß nicht!", quaken Fritz und Fanny Frosch und hopsen aus dem Schilf. Sie schwimmen schnell zu den Seerosen, die in der Mitte des Teichs wachsen, und verstecken sich hinter den Blüten. Dort kann sie kein Storch erwischen.

Die kleine Nixe schaut zum Himmel. „Wo Sigmund nur bleibt?"
Da segelt er auch schon mit weit ausgebreiteten Flügeln heran. Der rote Schnabel glänzt wie frisch lackiert.
„Hallo, Sigmund!", ruft die kleine Nixe. „Schön, dass du wieder da bist."
„Gar nicht schön", quakt Fritz Frosch leise.
„Grässlich!", meint Fanny Frosch und macht sich ganz klein. Sigmund Storch landet am Ufer und stakst durch das Schilf.
„Hallo, kleine Nixe!", begrüßt er Sissi. „Wie geht's, wie steht's?"
„Gut", sagt Sissi. „Wie war's in Afrika?"
„Fein", sagt Sigmund Storch. „Aber zum Schluss viel zu heiß. Ich bin froh, dass ich wieder hier bin."
„Ich auch", sagt Sissi. „Sigmund, sag, hast du mir was mitgebracht?"
„Klapper-di-klapp, na klar!" Sigmund Storch holt aus seinem Gefieder ein kleines, rotes Etwas mit Glitzerpünktchen hervor.

„Oh", haucht Sissi. „Ist das schön." Sie schnellt aus dem Wasser hoch und umarmt den Storch. „Danke, danke, lieber Sigmund!"
Dann steckt sie das Ding in ihre hellgrünen Nixenhaare. Fritz und Fanny Frosch platzen fast vor Neugierde. Sie wollen wissen, was Sissi bekommen hat, und schwimmen vorsichtig näher.
„Es ist ein Zackending", quakt Fritz Frosch.
„Ein Stern", meint Fanny.
„Aber in Rot", mault Fritz Frosch. „Sterne sind doch silbern."
„Richtig", quakt Fanny. „Rot ist echt komisch."
„Papperlapapp!", klappert Sigmund Storch. „Was wisst denn ihr Frösche? Ihr kennt nur euren kleinen Teich. Natürlich gibt es rote Sterne, und zwar im Meer."
„Sterne im Meer?", fragt Sissi. „Genau wie am Himmel?"
„Ja, Sissi Seesternchen", lächelt der Storch. „Es gibt viel Wunderbares in der großen weiten Unterwasserwelt des Meeres."
„Das Meer", seufzt Sissi. „Erzähl mir vom Meer, Sigmund!"
„Später, Sissi Seesternchen", sagt der Storch. Er stakst weiter durchs Schilf und stochert mit seinem Schnabel nach einem Frühstück. Die kleine Teichnixe hat plötzlich solche Sehnsucht nach dem Meer und der großen weiten Unterwasserwelt. Missmutig guckt sie über ihren Teich. Alles ist wie immer: links der Wald, das Schilf und die Seerosen, rechts die Wiese und der Badeplatz.

Plötzlich fällt es Sissi wieder ein: Wie hat der Storch sie genannt? Sissi Seesternchen.

„Sissi Seesternchen", sagt die kleine Nixe zur Probe. „Sissi Seesternchen", wiederholt sie. „Das klingt gut. He, mit einem solchen Namen kann man nicht in einer Pfütze leben!", ruft sie laut.

Aber niemand hört sie. Am Himmel sind Wolken aufgetaucht. Sie schieben sich vor die Sonne und alles wird trist und grau. Wassertropfen klatschen in den Teich, plitsch, platsch, immer mehr, bis es wie aus Kübeln schüttet und der Regen so laut wie tausend Trommeln tönt. Die kleine Nixe taucht unter und schwimmt zu ihrem moorflaumigen Unterwassernest zwischen den Seerosenstängeln. Aber da liegt schon jemand drin.

„Raus, Karlchen!", sagt Sissi. „Raus, du alter Mooskarpfen. Das ist mein Nest, das weißt du ganz genau."

Karlchen, der alte Karpfen, gähnt. „Ich geh ja schon."

Er schwimmt träge ein paar Flossenschläge weiter. Karlchen ist uralt. Er lebt im Teich, seit Sissi denken kann. Er ist groß und schwer und auf seinem Rücken wächst Moos. Sissi Seesternchen kuschelt sich in ihr Nest, aber sie kann nicht einschlafen. Der Regen dröhnt noch immer. Sie setzt sich auf und sagt zu Karlchen: „Weißt du schon, dass ich Sissi Seesternchen heiße und bald fortschwimme?"

„Sissi Seesternchen", sagt Karlchen. „So, so. Und wohin schwimmst du, wenn man fragen darf?"

„Ins Meer", sagt Sissi Seesternchen. „In die große weite Unterwasserwelt."

„Bleibe im Teiche und nähre dich redlich", sagt der alte Karpfen und knabbert an den Seerosenstängeln. Da hängen nämlich ein paar leckere Schnecken dran.

„Igitt!", sagt Sissi.

„Weißt du überhaupt, wie man zum Meer kommt?", fragt Karlchen mit vollem Mund.

„Ist doch kinderleicht", lacht Sissi. „Vom Teich in den Bach, von dort zum Fluss, dann in den Strom und der fließt direkt ins Meer."

„Was allein schon im Bach alles passieren kann …", sagt Karlchen.

„Was denn zum Beispiel?", fragt Sissi.

„Die Fischer werden dich fangen", sagt Karlchen düster und schluckt die letzte Schnecke.

„Wie denn?", fragt Sissi ängstlich.

„Mit Haken", antwortet Karlchen.

„Sie hängen dir schöne Würmer vor die Nase, kleine, unschuldige Leckerbissen. Aber wenn du sie schnappst, hängst du am Haken." Der alte Karpfen schaudert. „Der Haken beim Haken ist, dass du ihn nicht sehen kannst, verstehst du? Man spürt ihn erst, wenn man dranhängt. Und es ist nicht so leicht, sich davon wieder loszureißen."

„Das kann mir nicht passieren", sagt Sissi erleichtert. „Ich mag keine Würmer, ob mit oder ohne Haken."

„Na, dann ist's ja gut", sagt Karlchen.

Inzwischen hat der Regen nachgelassen und die Sonne schickt goldene Funkelflecken auf den Grund des Teichs hinab.

„Ich glaub, ich schwimm jetzt los", sagt Sissi Seesternchen entschlossen. „Tschüss, Karlchen, mach's gut!"

„Du auch", sagt der alte Karpfen. „Pass auf dich auf!"

„Mach ich", sagt Sissi und gibt ihm einen Abschiedskuss. Dann taucht sie auf und schwimmt zu Sigmund Storch.

„Lass Fritz und Fanny Frosch in Ruhe", sagt sie. „Versprich mir das!"

Sigmund nickt. „Klapper-di-klapp, versprochen! Gute Reise, Sissi Seesternchen!"

Der kleine Delfin

Eines Morgens schrubbt eine Horde Putzerfische die Wände von Sissi Seesternchens Grotte, die Korallenbäumchen, den Baldachin und ihren Sitzstein ab. Aber nicht nur den, nein, auch Sissis Fischschwanz, der ins Wasser hängt.
Die kleine Nixe lacht: „He, hört auf, das kitzelt so!"
„Halt still!", befiehlt der größte Putzerfisch. „Alles, auch du, muss immer blitzblank sein." Er selbst und die anderen Putzerfische sehen unheimlich sauber aus: blütenweiß am ganzen Leib mit einem hübschen schwarzen Streifen vom Mäulchen bis zum Schwanz.
Siggi Seeteufel gräbt sich aus seinem Sandbett und gähnt. Siggi Seeteufel ist Sissis neuer Hausgenosse. Er darf bei ihr wohnen und passt auf die Grotte auf, wenn sie mal wegschwimmen will.
„Guten Morgen, Siggi", sagt Sissi Seesternchen. „Hast du gut geschlafen?"
„Ja", sagt Siggi Seeteufel. „Aber schlecht geträumt, uuh!"
Er will Sissi gerade seinen Traum erzählen, da zieht draußen auf dem Meer ein Schiff vorbei.
„Das muss ich mir mal anschauen", sagt Sissi Seesternchen.
„Bleib lieber da, Sissi!", sagt Siggi. „Ich hab so ein komisches Gefühl."
„Das kommt doch nur von deinem Traum", lächelt die kleine Nixe.

„Kann schon sein", meint der kleine Seeteufel. „Ich hab aber trotzdem Angst um dich."

Doch Sissi Seesternchen ist neugierig. Sie will unbedingt zum Schiff. „Pass gut auf die Grotte auf, Siggi!", sagt sie.

„Mach ich", seufzt Siggi Seeteufel. „Und du passt auf dich auf, ja?"

„Na, klar", ruft Sissi und schwimmt fort. Als sie fast bei dem Schiff angelangt ist, gerät sie in einen riesigen Schwarm silberfarbener Fische mit blauschwarzen Rücken. Sie drehen sich schnell im Kreis herum.

„Das ist lustig", lacht Sissi Seesternchen und dreht sich mit ihnen wie in einem Karussell. Aber die Fische sind nicht lustig, sie sind verzweifelt und rufen: „Wir sind gefangen!"

„Wieso?", wundert sich Sissi. „Ihr seid doch frei."

„Nein", stöhnt der Schwarm. „Wir sind im Netz und du jetzt auch."

„Unsinn!", meint die kleine Nixe. „Wo ist denn hier ein Netz? Ich sehe keins."

„Das Netz ist unsichtbar", ruft eine helle Stimme. Sie gehört einem kleinen Delfin, der auch gefangen ist.

„Hallo, kleiner Delfin!", sagt Sissi Seesternchen. „Ist das wirklich wahr?" Sie schwimmt an den Rand des Fischkarussells und prallt zurück. Ja, jetzt spürt auch sie das Netz. Sie greift mit den Fingern in die festen Maschen.

„Das Netz zieht sich zusammen!", ruft der kleine Delfin verzweifelt. „Merkst du es? Gleich ist es aus mit uns."

„Aus und vorbei!" Der Fischschwarm dreht sich panisch und peitscht das Wasser.

„Das darf doch nicht wahr sein", ruft Sissi Seesternchen. Die Angst der Fische hat sie total angesteckt. Die kleine Nixe kann nicht mehr denken, sie kann nur noch laut und verzweifelt um Hilfe schreien.

„Wir kommen ja schon", ruft Kribbe.

„Wir sind schon da", sagt Krabbe.

„Gott sei Dank", stöhnt Sissi erleichtert.

Kribbe und Krabbe sind die besten Unterwasserkumpel und Sissi Seesternchens Freunde. „Siggi Seeteufel hat uns gesagt, dass du allein zum Fangschiff geschwommen bist", sagt Kribbe.

„Sehr leichtsinnig", schimpft Krabbe.

„Unverantwortlich", ereifert sich Kribbe.

„Hört auf!", ruft Sissi Seesternchen. „Schneidet lieber ein Loch ins Netz, aber schnell!"

„Verflixt!", sagt Kribbe.

„Die Maschen sind zu stark für unsere Scheren", knirscht Krabbe.

Plötzlich werden alle nach oben gehoben.

Der Fischschwarm, Sissi Seesternchen und der kleine Delfin, alle werden wie in einem riesigen Einkaufsnetz eng aneinandergequetscht und aus dem Wasser in die Luft gezogen.
Kribbe und Krabbe hängen unten am Netz und kneifen mit letzter Kraft zu.
Da, die erste Masche reißt, eine zweite und aus dem Loch, das schnell größer wird, purzeln Sissi Seesternchen und der kleine Delfin heraus und plumpsen ins Wasser. Dann prasseln die Fische auf ihre Köpfe.
„Juhu!", jubelt Sissi. „Wir sind wieder frei!"
Kribbe und Krabbe zappeln zwischen den Fischen herum.
„Ihr habt mir das Leben gerettet", sagt der kleine Delfin zu Kribbe und Krabbe. „Danke!"

„Uns auch", sagen die Fische. „Vielen herzlichen Dank!"
Und dann flitzt der ganze Schwarm blitzschnell wie blauschwarzes Quecksilber davon.

„Wir sollten auch machen, dass wir fortkommen", meint Kribbe.

„Stimmt", sagt Krabbe. „Das Fangschiff wird gleich ein neues Netz auswerfen."

Schnell schwimmen sie zu Sissi Seesternchens Grotte und der kleine Delfin kommt einfach mit.

Siggi Seeteufel ist überglücklich, dass Sissi Seesternchen wieder heil und gesund zurückgekommen ist.

„Und der da?", fragt er und glotzt den kleinen Delfin an.

„Soll der jetzt auch bei uns wohnen?"

„Nein, nein", sagt der kleine Delfin schnell. „Ich habe eine eigene Familie."

„Und wie kommt es ...", sagt Kribbe,

„... dass du nicht bei deinen Leuten bist?", fragt Krabbe.

„Weil ich heute die Schule geschwänzt habe", sagt der kleine Delfin und lässt den Kopf hängen.

„Schule?", fragt Sissi Seesternchen erstaunt. „Delfine gehen in die Schule?"

Der kleine Delfin nickt. „Ja, jeden Morgen um acht. Aber ich gehe nicht gerne hin. Immer sagen die anderen zu mir: *Schwimm schneller, Dolfi, mach schon! Du bist so langsam wie ein Plattfisch.*"

„Plattfische sind nicht langsam!", ruft Siggi Seeteufel.

„Genau!", sagt Dolfi erleichtert. „Und gestern haben sie gesagt, ich soll nicht immer aus der Reihe springen. Aber heute kam das Allergemeinste. Stellt euch vor, sie haben gesagt, ich sei fett. Das stimmt doch gar nicht."

Aber der kleine Delfin hat ein dickes Bäuchlein.

Siggi Seeteufel, Kribbe und Krabbe halten sich die Flossen und Scheren vor den Mund, damit der arme Dolfi nicht sehen kann, wie sie grinsen müssen.

„Heute früh habe ich es sattgehabt", erzählt der kleine Delfin weiter. „Ich bin nicht in die Schule gegangen, sondern dem Makrelenschwarm nachgeschwommen. Makrelen sind nämlich meine Lieblingsfische."

„Ach, so ist das!", sagt Sissi Seesternchen.

„Faul und verfressen", kichern Kribbe und Krabbe.

In diesem Moment ruft jemand draußen vor der Grotte: „Dolfi! Dolfi, wo bist du?"

„Mama!", schreit der kleine Delfin. „Mama, hier bin ich", und schwimmt hinaus.

Sissi Seesternchen, Kribbe und Krabbe und Siggi Seeteufel folgen ihm. Sie sehen viele Delfine, große und kleine, Mama,

Papa, Schwestern, Brüder, Tanten und Onkel. Alle scharen sich um den kleinen Dolfi.

„Wir haben uns solche Sorgen um dich gemacht", seufzt Mama Delfin.

Sie nehmen ihren Jüngsten liebevoll in die Mitte und machen sich auf den Heimweg.

Sissi Seesternchen winkt: „Wiedersehen, Dolfi! Und besuch mich doch mal."

Dolfi dreht sich um und lacht: „Ja, gleich morgen, nach der Schule."

Eine Freundin für Sissi Seesternchen

Sissi Seesternchen ist krank. Sie liegt unter dem Korallenfächer-Baldachin in ihrem Wasserbett. Nichts macht ihr Spaß. Gerade ist der Doktorfisch gekommen und fragt besorgt:
„Was fehlt dir denn?"
„Ich weiß es nicht", sagt die kleine Nixe schwach.
„Was soll ihr schon fehlen?", fragt Kribbe.
„Sie hat doch alles", meint Krabbe.
„Uns", nickt Kribbe. „Ihre beiden besten Freunde."
„Und mich", sagt Siggi Seeteufel. „Ich passe auf alles auf, was Sissi Seesternchen gehört. Sie hat eine Muschelsammlung,

viele Korallen und eine hübsche Grotte. Ihr kann doch gar nichts fehlen."

Der Doktorfisch runzelt die Stirn. Er schaut sehr sanft und klug aus. „Ich werde ihr einen Aus-Flug verschreiben", sagt er nach einer Weile. „Das wird ihr guttun."

„Aber Sissi kann doch nicht fliegen", ruft Kribbe.

„Sie ist eine Nixe", sagt Krabbe.

„Und hat keine Flügel!", schreit Siggi.

„Immer mit der Ruhe", murmelt der Doktorfisch. „Ich werde Peter Pelikan schicken." Dann schwimmt er fort, und es dauert nicht lange, da hört man lautes Flügelflattern und Landegeräusche.

„Wo ist die Patientin?", fragt Peter Pelikan.

„Ich komme schon", sagt Sissi Seesternchen.

Kribbe und Krabbe helfen ihr beim Einsteigen. In der Schnabeltasche des Pelikans ist genügend Platz.

„Gute Besserung!", ruft Siggi Seeteufel und winkt zum Abschied heftig mit der Angel.

„Wohin fliegen wir?", fragt Sissi Seesternchen. Aber sie bekommt keine Antwort, denn ein Pelikan mit einer Nixe im Schnabel kann einfach nicht reden.

Zuerst wird Sissi Seesternchens Koralleninsel immer kleiner, bis sie ganz verschwindet. Unten ist nur noch das Meer, von einem Ende des Himmels bis zum anderen. Mit viel frischer Luft dazwischen. Sissi Seesternchen atmet tief durch. Dann taucht in der Ferne eine Bergspitze auf, die wie eine Insel aus dem Wasser ragt. Darauf steuert Peter Pelikan zu. Die Insel

wird immer größer und der Berg immer mächtiger. Seine grünen Hänge sind steil. In den Bäumen nisten Nebelwolken. Bald sind die beiden ganz oben. Auf der Kuppe des hohen Berges blinkt ein kleiner See wie ein blaues Auge.
„Ein Teich!", ruft Sissi Seesternchen begeistert. „Fast wie zu Hause."
Peter Pelikan landet. Sissi gleitet aus seiner Schnabeltasche ins Wasser. Es ist süß und kühl. „Oh, das tut gut!", seufzt die kleine Nixe erleichtert.
„Gute Besserung!", wünscht der Pelikan.
„Ich werde dich dann in drei Tagen wieder abholen."
„Ja, fein", sagt Sissi Seesternchen und schwimmt in weiten Zügen durch den Teich.
„Schön, dass du da bist", sagt plötzlich eine andere kleine Nixe. „Jetzt bin ich nicht mehr so allein."

Sissi Seesternchen bleibt vor Erstaunen der Mund offen stehen. „Bist du eine Bergsee-Nixe?", fragt sie dann.

„Nein", lacht die andere Nixe. Sie hat lange schwarze Haare und eine Perlenkette um den Hals. „Ich bin im Meer zu Hause und heiße Melanie Meerschaum."

„Wie kommst du dann hierher?", fragt Sissi verwundert.

„Genau wie du", antwortet Melanie Meerschaum. „Mit Peter Pelikan."

„Bist du auch zur Erholung da?", fragt Sissi neugierig.

„Nein", seufzt Melanie. „Zur Strafe. Ich habe nämlich Neptun, den Herrscher der sieben Meere, einmal zu oft geärgert." Dann lacht sie fröhlich.

Melanies Lachen ist ansteckend, Sissi muss auch lachen. „Erzähl!", kichert sie.

„Also", fängt Melanie Meerschaum an. „Unten in Neptuns Muschelpalast ist nie was los. Da sitzen nur die Meerfrauen rum und kämmen ihre langen Haare und die Meermänner blasen leise in ihre Muschelhörner."

„Das muss schön klingen", meint Sissi.

„Nein", sagt Melanie. „Es ist voll öde und langweilt nur. Damit es mal spannend wird, habe ich einmal alle Kämme und Bürsten versteckt", kichert Melanie. „Die Meerfrauen haben sich aufgeregt und laut gejammert. Davon ist Neptun wach geworden. Meistens schläft er, weißt du. Und er ist furchtbar dick und wird ganz schnell zornig. Die Wellen sind hochgegangen, so hat er getobt. Es hat riesige Überschwemmungen gegeben."

Melanie seufzt und spielt mit ihrer Kette.

„Erzähl weiter!", sagt Sissi Seesternchen.

„Damals hat mich Neptun nicht erwischt", sagt Melanie.

„Aber beim nächsten Mal. Da habe ich ihm sein Zepter, den Dreizack, versteckt. Ohne seinen Dreizack fühlt sich Neptun nicht wie der Herrscher der sieben Meere", erklärt Melanie.

„Da ist er voll ausgerastet und wollte mich eine Zeit lang nicht mehr sehen. Deshalb hat er mich auf diese Insel verbannt, in diesen langweiligen kleinen See. Aber der Alten vom Grunde sei Dank, jetzt bist du da."

„Ja, das bin ich", nickt Sissi Seesternchen. „Aber ich finde diesen See wundervoll. Er ist fast wie der Teich, aus dem ich komme." Und dann erzählt sie Melanie Meerschaum von ihrem Teich und der Reise durch Bach, Fluss und Strom bis zum Meer, von ihren Freunden, und was sie schon alles erlebt hat.

Melanie Meerschaum ist beeindruckt. „He, willst du meine Freundin sein?", fragt sie.

„Ja", nickt Sissi Seesternchen begeistert. „Ich glaube, das ist genau das, was mir gefehlt hat: eine Freundin. Jemand so wie ich und doch ein bisschen anders."

„Mir hast du auch gefehlt", seufzt Melanie Meerschaum.

„Es ist ja ganz schön hier mit den Feuersalamandern, den Kröten, Fröschen, Fischen und Kaulquappen und sogar mit der Alten vom Grunde. Aber eine Freundin, die gleich alt ist und auch eine Nixe, das ist einsame Spitze."

„Wer ist die Alte vom Grunde?", will Sissi Seesternchen

wissen, aber da flitzt ein Schwarm Kaulquappen mit schwarzen Schwänzchen an ihnen vorbei.

„Sind die lieb", ruft Sissi Seesternchen. „Komm, Melanie, wir wollen mit ihnen spielen!"

Die Kaulquappen schießen um eine Unterwasser-Felsenecke und sind plötzlich verschwunden.

„Wo sind sie hin?", fragt Sissi verblüfft.

Melanie lacht und sagt: „Sie haben sich bei der Alten vom Grunde versteckt."

Jetzt erst entdeckt Sissi die Gestalt einer großen alten Frau, die sie freundlich anschaut. Sie trägt ein grünes Gewand, das mit Unterwasserblüten und -blättern bestickt ist. In den Falten wuseln die kleinen Kaulquappen.

Durch das weiße, fließende Haar der Alten vom Grunde schwimmen winzige Bergsee-Fischchen mit roten Flossen.

„Willkommen, Sissi Seesternchen!", sagt die alte Frau. „Wie geht es dir?"

„Ganz gut", sagt Sissi.

„Bist du nicht müde?", fragt die Alte.

„Doch, ein bisschen", gibt Sissi zu.

„Ich auch", gähnt Melanie.

„Na, dann kommt her", lächelt die Alte vom Grunde. Sie breitet die Arme aus und Sissi Seesternchen und Melanie Meerschaum kuscheln sich hinein. Sie bekommen noch eine Unterwasser-Gutenachtgeschichte erzählt und dann schlafen sie selig ein. Und am anderen Tag ist Sissi Seesternchen wieder ganz gesund.

Im Kindergarten

Mama bringt Jule zum Kindergarten.
„Mach's gut, Jule!", sagt sie. „Ich hole dich dann mittags wieder ab."
Jule nickt und läuft zur Tür. Sie geht gerne in den Kindergarten. Da kann sie mit Lea, ihrer besten Freundin, spielen und auch mit Alexander, Sophie und Sarah. Sie gehören zur Eichhörnchengruppe, genau wie Jule. Jule hängt ihren Rucksack an den Haken mit den Eichhörnchen, dann stürmt sie in den Gruppenraum.
„Guten Morgen, Jule!", sagt Frau Kurz.
„Guten Morgen, Frau Kurz!", sagt Jule. Frau Kurz ist die Erzieherin und ganz lieb. Gestern hat sie ihnen die Geschichte vom Froschkönig vorgelesen. Da kommt Lea herein. Sie hat ihren Kuschelfrosch von zu Hause mitgebracht.
„Ist der süß!", ruft Jule. „Darf ich ihn mal haben?"
„Nein", sagt Lea. „Das ist mein Frosch und er heißt Fritz."
Jule darf Fritz nicht mal streicheln und auch nicht in die Hand nehmen.
„Wenn du mich nicht mit Fritz spielen lässt", sagt Jule zu Lea, „dann bist du nicht mehr meine beste Freundin."

„Bin ich schon", sagt Lea.
„Bist du nicht", ruft Jule. „Dann soll Sophie meine beste Freundin sein."
Das will Lea natürlich nicht. Deshalb gibt sie ihr den Kuschelfrosch.
Fritz ist wunderbar weich und schaut Jule mit seinen großen, goldenen Augen an. „Ich glaube", sagt Jule, „das ist der Froschkönig."
Lea nickt. „Ja", sagt sie. „Mein Fritz ist der Froschkönig."
Plötzlich wird es dunkel. Draußen ziehen Wolken über den Himmel, schwere, graue Regenwolken, und verdecken die Sonne. Schon platschen dicke Tropfen an die Fensterscheiben.
„Schade", sagt Jule. „Jetzt können wir nicht raus."
Jule wollte mit Fritz in den Garten und ihm alles zeigen: den Sandkasten, die Puppenbadewanne, die Schaukel,

die Rutsche, das Klettergerüst und das Baumhaus.

„Quak!", macht Fritz mit leiser Lea-Stimme.

„Fritz ist auch traurig, dass wir nicht rauskönnen", sagt Lea laut. „Gib ihn mir wieder, Jule!"

Aber Jule will Fritz nicht hergeben, sie hält ihn ganz fest. Lea zieht an seinen Beinen.

„Gib her!", ruft sie.

„Nein", keucht Jule. „Nein!"

Plötzlich lässt Lea den Frosch los. Jule plumpst auf ihren Po.

„Aua!", schreit sie. Dann sieht Jule, dass Lea traurig ist.

Die Tränen kullern über ihre Wangen. Das kann Jule nicht aushalten. „Hier", sagt sie, „nimm deinen Frosch!" Jule gibt Lea ihren Fritz zurück. Da kann Lea langsam mit dem Weinen wieder aufhören.

Jule freut sich und streichelt Lea. „Jetzt sind wir wieder beste Freundinnen", sagt sie. „Komm, wir zeigen Fritz, was es im Kindergarten innendrin alles gibt."

Jule und Lea zeigen Fritz die Puppenecke. Neben dem dicken Teddy sitzt die schöne Isabella mit den goldenen Haaren. Sie hat eine kleine Krone auf dem Kopf. Jule nimmt die Krone und setzt sie Fritz auf. „Jetzt ist er wirklich der Froschkönig", sagt sie zufrieden.

„Quak!", macht Fritz mit lauter Lea-Stimme. „Quak, quak!"

Dann muss der Froschkönig den Kaufladen anschauen und die Schubladen mit den Bastelsachen, in denen Buntpapier, Federn, Holzstückchen und Schneckenhäuser liegen. Er will in die Kiste mit den Bauklötzen hüpfen, aber Jule und Lea wollen ihm die Bilder zeigen, die ringsum an den Wänden hängen.

„Die haben wir alle selber gemalt", erklärt Jule.

Da will Fritz auch was malen.

Frau Kurz gibt ihnen Papier, Wasser und Malfarben. Lea hilft Fritz beim Malen. Sie taucht den Pinsel in die blaue Farbe und Fritz malt einen großen blauen Kreis.

„Was soll denn das sein?", fragt Jule.

„Ein See", erklärt Lea.

Da malt Jule auch einen See und darüber eine Sonne. Die Sonne lacht. Jule freut sich, weil sie so schön ist: groß und gelb und rund mit vielen Strahlen.

Plötzlich wird es wieder hell im Kindergarten. Draußen strahlt die Sonne und schiebt die Wolken weg.

Frau Kurz klatscht in die Hände. „Kinder, ihr könnt jetzt in den Garten gehen!", ruft sie und öffnet die Terrassentür. Alle stürmen hinaus. Das Gras ist noch nass. Es funkelt in der Sonne. Jule zieht ihre Sandalen aus und läuft barfuß durch das Glitzergras zum Sandkasten. Sie nimmt eine Schaufel und fängt an zu graben.

„Was soll denn das werden?", fragt Lea.

„Ein See", sagt Jule. „Ein See für den Froschkönig."

Fritz quakt und freut sich. Lea setzt ihn neben den Sandkasten und gräbt auch. Da kommt Alexander mit dem roten Bagger. Er hilft Jule und Lea beim Graben. Sophie und Sarah wollen auch mitspielen.

„Ihr könnt Wasser holen", sagt Jule.

Sophie und Sarah laufen mit ihren Eimerchen zum Planschbecken und tauchen sie ein. Dann schütten sie das Wasser in den Froschsee. Aber es versickert sofort, nur ein paar Schaumbläschen bleiben am Grund zurück. Fritz ist furchtbar enttäuscht.

„Ich weiß was", schreit Jule. „Wir buddeln die Puppenbadewanne ein."

Das ist eine Arbeit! Jule, Lea, Alexander, Sophie und Sarah schuften schwer. Aber dann haben sie es geschafft: Im Sandkasten ist ein See mit steilen Sandufern entstanden. Jule streut Gänseblümchen ins Wasser. „Das sollen die Seerosen sein", sagt sie.

Fritz kann es nicht mehr erwarten. Er hopst aus Leas Armen mit einem Sprung hinein in den See. Zuerst schwimmt er ein bisschen, dann geht er langsam unter.

„Jetzt sucht Fritz die goldene Kugel für die Prinzessin", erklärt Jule.

„Ich bin die Prinzessin", sagt Lea.

„Nein, ich", ruft Jule.

„Ich, ich, ich", schreit Lea.

„Hört auf!", sagt Alexander. Er gräbt in seiner Hosentasche und findet einen gelben Tischtennisball. Den wirft er in den See. Aber der Ball geht nicht unter. Er tanzt lustig auf den Wellen.

Jule hilft Fritz beim Auftauchen. „Hier, Prinzessin", sagt der Froschkönig mit Jules Stimme, „hier ist dein goldener

Ball. Und jetzt will ich in deinem Bettchen schlafen."
„Igitt!", lacht Lea und rennt davon.
„Wohin?", quakt der Froschkönig.
„Heim ins Schloss", ruft Lea und läuft ins Haus zurück. Sie sucht ein Versteck. Oben auf dem Kuschelplatz werden sie mich nicht finden, denkt Lea und klettert die Leiter hinauf.
Jule, Alexander, Sophie und Sarah helfen Fritz beim Suchen.
„Prinzessin, wo bist du?", quakt Fritz. Endlich hat er Lea gefunden. Sie hat sich eine Decke über den Kopf gezogen. Jule zieht die Decke weg und Fritz springt Lea ins Gesicht. Lea kreischt: „Igitt, so kalt und nass", und wirft Fritz an die Wand.
Jule flüstert: „Alexander, jetzt sollst du der Prinz sein!" Alexander nickt, aber er will Lea nicht küssen. Das macht aber nichts, findet Jule. Sie streichelt den nassen, kalten Froschkönig. „Er muss ins Bett", sagt sie. „Sonst wird er sich noch erkälten."
Jule und Lea machen aus den Kissen ein Bett für Fritz, decken ihn zu und legen sich daneben.
„Du bist doch meine allerbeste Freundin, Lea", sagt Jule.
„Du meine auch", murmelt Lea und streichelt Jule.

Ein neuer Freund

Jule telefoniert mit Oma: „Hallo, hallo!"
„Julchen", sagt Oma, „bist du das?"
Jule nickt. „Oma, ich will Frau Meier wiederhaben."
Jules Meerschweinchen heißt Frau Meier und war während der Sommerferien bei Oma und Opa.
„Wann kommst du, Julchen?", will Oma wissen.
„Jetzt gleich", sagt Jule.
„Gut", sagt Oma. „Frau Meier freut sich schon auf dich und ich mich auch."
Jule nimmt ihren Roller und Mama ihr Fahrrad mit dem Kindersitz. Da hinein packt sie Pia-Mia, Jules Babyschwester.
Jule kann ganz schnell fahren, Mama kommt kaum nach. Im Nu sind sie bei Oma und Opa. Oma begrüßt alle und geht mit Mama und Pia-Mia ins Haus.
Jule bleibt im Garten. Frau Meiers Gehege aus Maschendraht steht unter einem Apfelbaum. Sie ist ja so froh, dass Jule wieder da ist. Frau Meier quiekt und quasselt und wuselt aufgeregt hin und

her. Jule nimmt ihr Meerschweinchen hoch. „Du bist groß geworden", wundert sie sich. „Und richtig schwer." Jule streichelt Frau Meier, knuddelt sie und setzt sie dann wieder zurück in ihr Gehege.

Plötzlich plumpst ein Apfel vom Baum, direkt in Frau Meiers Wassernapf. Platsch, es spritzt! Frau Meier erschrickt und saust wie der Blitz in ihr Holzhaus. Jule hat es selbst gebaut, Opa hat nur ein bisschen geholfen.

Und da kommt er auch schon aus seiner Schreinerwerkstatt. Er muss den Kopf unter der Tür einziehen, weil er so groß ist. „Hallo, Jule!", sagt Opa. „Wie geht's, wie steht's?" Das sagt er immer.

Und Jule sagt: „Es geht, es steht", auch wie immer. Dann umarmt sie seine Beine.

Da bückt sich Opa und jetzt kann Jule ihm einen Kuss auf seinen Stachelschnurrbart geben.

Opa packt Jule und wirft sie in die Luft. „He", schnauft er, „du bist ja ganz schön schwer geworden."

„Wie Frau Meier", lacht Jule.

„Richtig", meint Opa. „Sie futtert ja auch den ganzen Tag."

Jule sieht, dass Frau Meier sich über den Apfel hergemacht hat. Den Löwenzahn, den Jule ihr zur Nachspeise pflückt, mag sie nicht mehr. „Und wo ist Hasso?", fragt Jule. Hasso ist Omas und Opas Schäferhund.

„In seiner Hütte", sagt Opa. „An der Kette, sonst vergreift er sich an Frau Meier."

Jule hört ein trauriges Winseln. „Hasso!", ruft sie und rennt

hinters Haus. Dort
neben dem Zaun steht
Hassos Hundehütte. Hasso
bellt vor Freude und will an Jule
hochspringen, aber die Kette hält ihn
zurück. „Armer Hasso!", sagt Jule.
„Stimmt!", sagt jemand hinter dem Zaun. „Armer Hasso!"
Es ist ein Junge mit roten Haaren und Sommersprossen.
Hasso bellt wieder. „Ich komme ja schon", sagt der Junge
und klettert einfach über den Zaun.
„He, wer bist du denn?", fragt Jule.
„Benni", sagt der Junge. Benni ist ein bisschen größer als
Jule. Er ist mit seinen Eltern vor Kurzem ins Nachbarhaus
eingezogen. Deshalb kennt Jule ihn noch nicht.
Jetzt streichelt Benni Hasso. Hasso wirft sich auf den
Rücken und lässt sich von Benni am Bauch kraulen.

„Das darfst du nicht", sagt Jule. „Das ist unser Hund."
„Ich darf schon", sagt Benni. „Dein Opa hat's erlaubt."
Da macht Jule Hasso von der Kette los. „Hasso, komm mit mir!", ruft sie und läuft zu Opas Werkstatt zurück. Hasso springt fröhlich hinterher. Als er an Frau Meiers Gehege vorbeikommt, bellt er entzückt und scharrt mit den Pfoten ein Loch unter den Maschendraht. Frau Meier fiept schrill und saust in ihr Haus.
„Keine Angst", sagt Jule.
„Hasso will bloß mit dir spielen."
Aber Frau Meier glaubt es nicht.
Benni packt Hasso am Halsband und zieht ihn zurück. In diesem Moment kommt Jules Meerschweinchen aus seinem Haus, schlüpft durch das Loch im Gehege, zischt durch Omas Zwiebelbeet, rast an den Kohlköpfen vorbei, zickzack durch die Buschbohnen und verschwindet in den Blumenstauden.
„Frau Meier", brüllt Jule verzweifelt.
„Frau Meier, bleib da!"
Opa rennt erschrocken aus der Werkstatt. Weil er nicht aufpasst, rumst er mit dem Kopf oben an die Tür.
„Autsch", stöhnt er und reibt sich seine Glatze.
„Was ist los, Benni?"
„Ihr Meerschwein ist abgehauen", sagt Benni und zeigt auf Jule, die gerade zwischen den Glockenblumen, Malven und Reseden verschwindet.
„So ein Pech", murmelt Opa. Dann kettet er Hasso wieder

an und hilft Jule beim Suchen. Benni hilft auch. Aber Frau Meier ist wie vom Erdboden verschluckt.

„Was macht ihr denn in meinen Blumen?", ruft Oma empört aus dem Fenster. „Geht sofort raus!"

Opa und Benni folgen Oma, nur Jule nicht. Sie hat nämlich ein Loch in der Erde gefunden. „Frau Meier!", ruft sie. „Bist du da drin?" Jule greift bis zum Ellenbogen hinein, aber sie spürt nur Erde, sonst nichts.

Jetzt ist Oma neben ihr und sagt: „Jetzt lass Frau Meier mal in Ruhe, Jule! Sicher ist sie zu Besuch bei unserer Wühlmaus."

„Ach so", sagt Jule und seufzt erleichtert.

„Am besten", sagt Oma, „stellst du Frau Meiers Häuschen neben das Wühlmausloch. Dann hat dein Meerschweinchen keinen langen Heimweg, wenn es wieder nach Hause will."

Das macht Jule. Dann schnuppert sie.

„Was riecht denn da so gut?"

„Ach, du liebes bisschen!", ruft Oma.

„Das ist mein Apfelstrudel. Ich muss ihn sofort aus dem Ofen holen."

Benni will gehen.

„Bleib da, Benni!", sagt Opa. „Oder magst du keinen Apfelstrudel?"

„Doch", sagt Benni.

Mama deckt den Tisch auf der Terrasse. Jule und Benni helfen ihr. Da kommt Oma mit einem riesigen Apfelstrudel. Er dampft und duftet. Obendrauf ist Puderzucker und innendrin sind Äpfel und Rosinen.

„Die Äpfel sind von unseren eigenen Bäumen", sagt Opa stolz. „Na, wie schmeckt's dir, Benni?"

Benni macht: „Mmh!", klopft sich auf den Bauch und rollt begeistert mit den Augen, weil er den Mund voll Apfelstrudel hat.

Jule lacht und macht es nach: „Mmh, mmh!"

Pia-Mia kann auch „mmh, mmh" machen.

Jetzt lachen alle und dann schaut Jule nach, ob Frau Meier schon zu Hause ist. Und wirklich, Jules Meerschweinchen ist wieder da. Jule trägt es mitsamt seinem Haus zum Tisch und holt es heraus. Sie streichelt es zuerst, dann darf Benni es auch streicheln. Frau Meier schaut ihn an und quasselt ein bisschen.

„Was hat sie gesagt?", fragt Benni.

„Dass du nett bist", sagt Jule.

„Du bist auch nett", sagt Benni zu Jule.

„Mama?", fragt Jule. „Darf Benni auch kommen? Ich hab nämlich überübermorgen Geburtstag."

„Natürlich", sagt Mama.

Benni freut sich auf überübermorgen.

„Und morgen fängt der Kindergarten an", fällt Jule ein. „Freust du dich da auch?"

Aber auf morgen freut sich Benni nicht. „Ich kenne doch kein Kind", murmelt er. Da fasst Jule Benni an der Hand. „Morgen zeig ich dir alle: die Lea und den Alexander, Sophie und Sarah. Und dann sag ich zu ihnen: Schaut mal her, das ist der Benni, mein neuer Freund."

Jetzt freut sich Benni auch auf morgen.

Die verhexte Lampe

Violetta und Leander spielen im Garten.
Plötzlich kracht und knallt es. Leander schaut Violetta erschrocken an.
„Ich glaube, das kommt aus dem alten Schuppen!"
Schnell rennen sie hin und drücken ihre Nase an die Scheibe.
„Kannst du etwas sehen?", fragt Violetta.
Leander schüttelt den Kopf. „Nur Rauch!"
Da fliegt die Holztür auf und Opa kommt hustend heraus.
„Hast du dir wehgetan?", fragt Violetta besorgt.
„Nein, es ist nichts passiert!", sagt Opa und wischt sich Ruß von der Stirn.
„Was machst du denn da im Schuppen?", will Leander wissen. „Machst du Knallbonbons?"
Opa lacht. „Nein, ich arbeite an einer Erfindung!"
„An einer Erfindung?", rufen Violetta und Leander. „Toll! Was erfindest du denn?"
„Ich habe eine schöne alte Stehlampe", erzählt Opa. „Und nun versuche ich, aus der Stehlampe eine Gehlampe zu machen. Versteht ihr? Eine Lampe, die nicht nur stehen kann, sondern auch laufen. Die kommt dann überall mit hin, wo ich sie brauche."
„Dann kannst du ja mit der Lampe spazieren gehen!", ruft Leander.
Opa grinst. „Ganz genau! Ich zeige sie euch mal!"

Er kommt mit der alten Stehlampe zurück und stellt sie auf den Rasen.
„Jetzt passt mal gut auf:
Lampe, steh nicht!
Lampe, reg dich!
Auf Schritt und Tritt
kommst du immer mit!"
Tatsächlich: Die Lampe bewegt sich!
Aber sie läuft nicht – sie springt! Und das schnell!

„Hilfe!", ruft Opa. „Meine Lampe büxt aus!"
„Jetzt hast du eine Springlampe, Opa!", ruft Leander.
„Ja! Eine Kängurulampe!" Violetta kichert.
„Helft lieber, sie zu fangen!", ruft Opa.
Die drei rennen hinter der Springlampe her. Aber sie ist schneller und längst im Haus verschwunden.
Sofort kommt Leanders Mama aus der Tür.
„Was ist das denn nun wieder?", fragt sie. „Hüpfende Lampen müssen draußen bleiben!"
„Das haben wir gleich!", ruft Opa, rennt an ihr vorbei und kommt wenig später mit der zappelnden Lampe unterm Arm zurück. „Alles im Griff!", sagt er zu Leanders Mama und lächelt verschmitzt.
„Weißt du, mit Opa wird es bestimmt niemals langweilig bei uns!", beruhigt Leander sie.
Mama seufzt. „Da hast du allerdings recht!"

Euphrosia, die Wetterhexe

Tante Gundula ist Violettas Lieblingstante. Und Violetta ist Tante Gundulas Lieblingsnichte. Tante Gundula ist schon etwas älter und nicht mehr ganz so flott auf den Beinen. Wenn sie Hilfe braucht, ist Violetta zur Stelle. Und wenn Violetta Trost braucht, ist Tante Gundula für sie da. Heute braucht Violetta keinen Trost, aber sie hat ihrer Tante geholfen, den Gartentisch zu decken, die Stuhlpolster vom Dachboden zu holen und einen leckeren Erdbeerkuchen zu backen. Denn heute bekommt Tante Gundula Besuch von ihrer alten Freundin Euphrosia. Violetta findet fremde Hexen spannend. Schon den ganzen Tag ist Violetta kribbelig vor Neugier.

Da geht auch schon das Tor auf und eine alte Hexe mit einem riesigen Hut betritt den Garten. Über ihrem Kopf schwebt eine kleine Wolke.

„Liebste Gundula, wir haben uns ja schon ewig nicht mehr gesehen!", ruft Euphrosia. „Und du bist bestimmt Violetta!" Violetta nickt. „Was hast du denn da für eine komische Wolke?", fragt sie neugierig.

„Ach, das habe ich dir gar nicht erzählt!", sagt Tante Gundula. „Euphrosia ist eine echte Wetterhexe!"

Violetta macht große Augen. „Dann kannst du das Wetter ändern?"

Euphrosia lacht. „So ist es!" Sie schaut Tante Gundula an.

„Weißt du noch? Früher in der Hexenschule?"

Tante Gundula kichert. „Als könnte ich das vergessen!", ruft sie. „Als es in Zauberkunde plötzlich im Klassenzimmer geregnet hat! Direkt über der Lehrerin!"

Gundula und Euphrosia halten sich den Bauch vor Lachen.

„Kannst du es denn jetzt auch regnen lassen?", fragt Violetta.

„Kein Problem!", sagt Euphrosia. „Wo hättest du es denn gern?"

„Bitte da drüben!", ruft Violetta. „Über dem Gemüsebeet! Dann brauchen Tantchen und ich heute Abend nicht zu gießen!"

Euphrosia dreht an der kleinen Wolke und murmelt etwas. Und siehe da: Über dem Gemüsebeet regnet es!

„Danke! Das reicht!", ruft Tante Gundula und schenkt Tee nach.
Violetta staunt. „Toll machst du das!"
Sie flüstert Euphrosia etwas ins Ohr.
„Das ist eine lustige Idee!", lacht die Wetterhexe und dreht wieder an der Wolke.
Plötzlich fängt es über dem Sandkasten an zu schneien!
Viele dicke weiße Flocken fallen auf den Sand.
„Danke!", ruft Violetta. „Schneemann bauen im Sommer! Klasse!"

Schlechte Laune

Violetta hat schlechte Laune. Nicht nur ein bisschen schlechte Laune – nein, riesig viel schlechte Laune! Ihre bunte Perlenkette ist verschwunden. Einfach weg!
„Das gibt es doch nicht!", murmelt Violetta.
Sie schaut in der Spielzeugkiste nach: keine Perlenkette.
Sie sucht im Schrank: keine Perlenkette. Auf dem Bett schläft Rufus, ihr Kater. Violetta hebt Rufus hoch, aber auch da liegt die Kette nicht. Jetzt hat Rufus auch schlechte Laune.
„Bestimmt hat Leander die Kette weggenommen", überlegt Violetta.
Gerade in dem Moment schaut Leander durch das offene Fenster.
„Hallo Violetta!", ruft er. „Kommst du mit draußen spielen?"
Violetta schaut ihn böse an. „Du hast meine Kette!"
„Welche Kette denn?", fragt er. „Ich habe gar keine Kette!"

„Eben, deshalb hast du meine genommen, die ich im Kindergarten gebastelt habe!", ruft Violetta.

„Du spinnst doch!", ruft er. „Was soll ich denn mit deiner doofen Kette?"

„Nein, du bist doof!", schreit Violetta.

„Und du bist eine blöde Kuh!", ruft Leander. Er ist richtig wütend.

„Moment mal!", ruft Leanders Opa aus dem Garten nebenan. „Was soll denn das! Wenn ihr euch schon beschimpfen wollt, dann mit selbst erfundenen Schimpfwörtern. Da rauchen die Köpfe und der Streit verpufft. Alte Zaubererlehre!"

Leander überlegt kurz. „Du langbeinige Krötentröte!", ruft er dann.

Das kann Violetta nicht auf sich sitzen lassen.

„Du blau gestreifter Fliegenpilz!", schreit sie.

„Du hart gekochtes Spinnenbein!", erfindet Leander.
„Du kniesemiesige Rattenknolle!", ruft Violetta.
Da geht die Tür vom Kinderzimmer auf und Violettas Mama kommt herein.
„Ist das deine Perlenkette, Violetta?", fragt sie und hält eine bunte Kette in der Hand. Violetta dreht sich verwundert um und nickt.
„Und was hat die in der Obstschale verloren?", fragt Mama. Oje, jetzt fällt es Violetta wieder ein! Sie hatte die Kette dort hingelegt, als sie sich einen Apfel geholt hat. Mama legt die Kette aufs Bett und geht wieder hinaus. Violetta schaut Leander an. Sie hat ganz rote Ohren.
„Entschuldigung!", sagt Violetta leise.
„Schon gut", grinst Leander.
„Kommst du jetzt endlich spielen, du komisches, rotes Schneckenohr?"

Marie kann nicht mehr warten

Marie freut sich auf den Kindergarten. Die Ferien waren zwar schön, aber Marie ist froh, dass sie nun zu Ende sind. Sie kann es kaum erwarten, die anderen Kinder und die Erzieherinnen wiederzusehen. Deswegen drängelt sie am Montagmorgen: „Papa, wann gehen wir denn endlich?"
„Gleich. Ich muss nur noch schnell etwas anziehen."
„Du bist doch angezogen", sagt Marie genervt.
Papa schaut an sich hinunter und schüttelt den Kopf. „Ich bin doch nicht angezogen."
Marie guckt ihren Papa an, als habe sie nicht richtig gehört. Dann zupft sie an seiner Hose. „Und was ist das?"
Wieder schaut Papa an sich hinunter. „Das ist eine alte, ausgebeulte Jogginghose. In der kann ich dich doch nicht in den Kindergarten bringen. Was würden die Leute da von mir denken?"
„Mir doch egal", brummt Marie.
Aber Papa ist es nicht egal. Deswegen verschwindet er im Schlafzimmer und zieht sich um. Als es ihr zu lange dauert, geht Marie hinein. „Warum brauchst du denn so lange?", meckert sie.
„Ich bin gleich so weit", verspricht Papa und probiert gerade das dritte Sweatshirt.

Marie packt ihn am Arm und will ihn mitziehen. „Du sollst jetzt kommen!"
„Ja doch."
Als Papa endlich angezogen ist, muss er noch ins Bad, um sich zu kämmen. Marie steht schon in der offenen Tür und ruft: „Wenn du jetzt nicht kommst, geh ich allein!"
„Ich komm ja schon."
Aber dann läutet das Telefon und Papa redet und redet. Da reicht es Marie endgültig. „Ich geh jetzt", sagt sie zu sich selber. Und das tut sie auch.
Sie ist den Weg mit Papa schon so oft gegangen, dass sie ihn genau kennt. Als sie ein paar Minuten später vor dem Kindergarten steht, hört sie Papa rufen. Er kommt angelaufen und ist völlig außer Atem.
„Ich kann jetzt allein gehen!", empfängt Marie ihn strahlend.
„Dann hätte ich mich ja nicht so zu beeilen brauchen", keucht Papa.

Die Hauptperson

Heute freut sich Lena noch mehr auf den Kindergarten als sonst. Denn heute ist sie in der Bärengruppe die Hauptperson. Die anderen Kinder singen für Lena: „Wie schön, dass du geboren bist, wir hätten dich sonst sehr vermisst …" Lena sitzt mit einem kribbeligen Gefühl im Bauch auf dem Geburtstagsstuhl. Da geht die Tür auf und Frau Zenger trägt den Kuchen herein, den sie mit den großen Kindern gebacken hat. Obendrauf stehen fünf Kerzen, die Lena auspusten darf. Alle Kinder bekommen ein Stück von dem Geburtstagskuchen. Dann singen sie „Hoch soll sie leben …" Dabei heben die Erzieherinnen Lena auf ihrem Stuhl mehrmals in die Höhe, dass das Kribbeln kaum noch auszuhalten ist.

Wie jedes Geburtstagskind darf sich Lena eine Geschichte wünschen.

„Das rosarote Schwein", sagt sie.

„Die ist ja doof und für Babys!", ruft Lasse. „Die will ich nicht hören!"

„Wenn Lena sich die Geschichte zu ihrem Geburtstag wünscht, lese ich sie natürlich vor", sagt Frau Zenger.

„Ich freu mich schon auf die Geschichte", flüstert Maria ihrem Freund Simeon ins Ohr.

„Ich freu mich auch", flüstert Simeon zurück.

Frau Zenger holt das Buch und wartet, bis alle Kinder einen Platz haben und ruhig sind. Dann beginnt sie zu lesen. Sofort hält Lasse sich die Ohren zu und schneidet Grimassen, um die anderen abzulenken.

„Hör doch mal auf!", zischt Maria.

Aber Lasse denkt nicht dran.

„Lasse!", sagt Frau Zenger so laut, dass er es trotz der zugehaltenen Ohren hört.

„Ich muss …"

„Du musst jetzt zuhören, sonst gar nichts", unterbricht ihn Frau Zenger.

Lasse verdreht die Augen und tut gelangweilt.

Frau Zenger liest: „Das rosarote Knuddelschwein war Danielas Lieblingskuscheltier …"

„Ich hab einen Knuddelbär, der ist viel stärker als ein Schwein", redet Lasse dazwischen.

Frau Zenger guckt ihn streng an – und liest weiter.

„Sie nimmt es jeden Abend mit ins Bett. Und vor dem Einschlafen drückt Daniela ihrem Schwein einen Kuss auf die Schnauze …"

„Iiii!", ruft Lasse. „Ein Schwein küssen – ist ja eklig!"

„Lasse!", sagt Frau Zenger scharf. „Du sollst nicht immer dazwischenreden, wenn ich vorlese!"

Lasse brummt etwas vor sich hin.

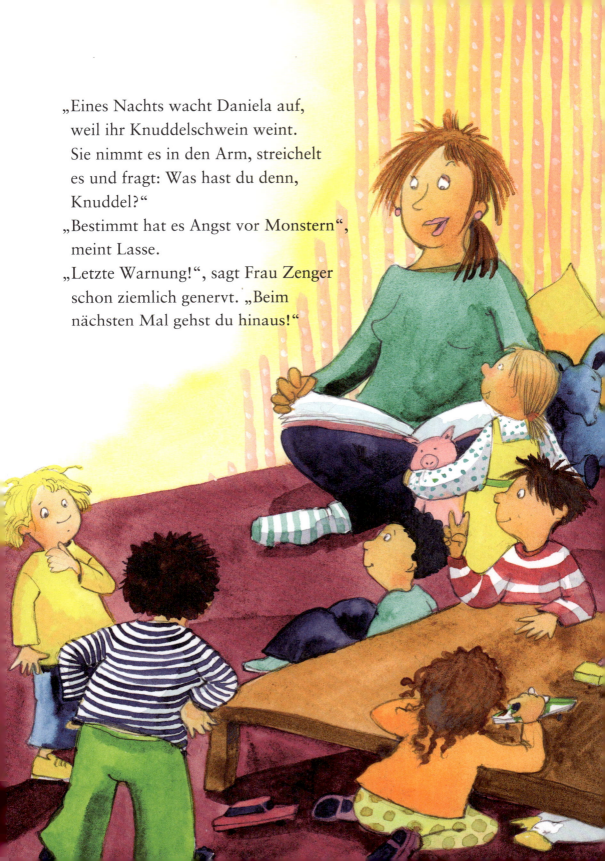

„Eines Nachts wacht Daniela auf, weil ihr Knuddelschwein weint. Sie nimmt es in den Arm, streichelt es und fragt: Was hast du denn, Knuddel?"
„Bestimmt hat es Angst vor Monstern", meint Lasse.
„Letzte Warnung!", sagt Frau Zenger schon ziemlich genervt. „Beim nächsten Mal gehst du hinaus!"

Mit einer Zitterstimme liest sie weiter: „*Ich möchte mich wenigstens einmal so richtig im Schlamm wälzen*, antwortet das Schwein."

„Pfui Teufel, so ein Schwein!", rutscht es Lasse heraus.

Frau Zenger legt das Buch weg, nimmt Lasse an die Hand und stellt ihn vor die Tür. Dort muss er stehen bleiben, bis Frau Zenger die Geschichte zu Ende gelesen hat.

Dann gehen alle Kinder an Lena vorbei, gratulieren ihr und bekommen von ihr ein kleines Geschenk.

„Und was ist mit Lasse?", fragt Lena.

„Eigentlich hat er ja kein Geschenk verdient", antwortet Frau Zenger. Aber sie öffnet trotzdem die Tür.

„Du kannst wieder hereinkommen."

Lasse sitzt auf dem Boden und schmollt.

Da geht Lena zu ihm und drückt ihm das kleine Geschenk in die Hand. Lasse ist so überrascht, dass er gar nicht weiß, was er sagen soll.

Ein gefährlicher Ausflug

Die kleinen Gespenster und die kleinen Vampire im uralten Schloss verstehen sich gut. Na ja, manchmal streiten sie sich auch. Aber das ist nicht so schlimm. Wenn man sich nachher wieder verträgt, kann man sich auch ruhig mal streiten. Meistens spielen die Kinder alle zusammen draußen auf dem Schlosshof. Sie spielen Verstecken und Fangen. Sie fahren Dreirad und Fahrrad. Sie holen ihre sämtlichen Kuscheltiere heraus und machen ein großes Picknick. Sie fassen sich bei den Händen und singen: „Dornröschen war ein schönes Kind." Oder: „Es tanzt ein Bi-Ba-Butzemann ..."
Manchmal spielen die Großen, die Mittleren und die Kleinen auch für sich. Dann spielt Golo mit Vinzenz und Vanessa, Gretchen mit Gisbert und Valentin, Guggi mit Viktor und Viktoria.

„Lasst uns bloß in Ruhe!", sagen die einen zu den anderen. Danach stecken sie die Köpfe zusammen und tuscheln – die Großen mit den Großen, die Mittleren mit den Mittleren und die Kleinen mit den Kleinen. Sie tuscheln und flüstern und wispern und erzählen sich lauter Geheimnisse.

Eines Abends, als eben der Mond aufgeht, sitzen Golo, Vinzenz und Vanessa auf der Schlossmauer und überlegen, was sie machen sollen. Ihre mittleren und kleinen Geschwister spielen drinnen im Hof. Die Erwachsenen sind ausgeflogen.

„Wir drei", sagt Golo verschwörerisch, „könnten doch auch mal einen kleinen Ausflug machen. Was haltet ihr davon?"

„Eine ganze Menge!", nickt Vinzenz.

„Gute Idee!", meint Vanessa.

Ehrlich gesagt haben alle drei Herzklopfen. Was Golo da vorschlägt, ist ziemlich aufregend. Weil es nämlich verboten ist. Sie sollen den Hof allein nicht verlassen. Ja, auf der Mauer sitzen und runtergucken dürfen sie schon. Aber auf keinen Fall rüberfliegen! Das ist viel zu gefährlich, haben ihre Eltern gesagt.

„Also, wo wollen wir hin?", erkundigt sich Golo.

„Keine Ahnung!", sagt Vinzenz.

„Was meinst du denn?", fragt Vanessa.

„Gleich hinter dem Wald ist ein Dorf", erklärt Golo. „Ich weiß, wie man da hinkommt."

„Weißt du auch, wie man wieder zurückkommt?", fragt Vinzenz.

„Na, hör mal!", ruft Golo. „Ich bin doch nicht blöd."

Er steht auf und springt von der Mauer. Vinzenz und Vanessa springen ihm nach. Angst haben sie alle drei nicht. Schließlich können sie fliegen! Golo schwebt vorneweg. Vinzenz und Vanessa flattern hinterher. Sie schweben und flattern den Berg hinunter, über den Tannenwald – bis zum Dorf. Sie kreisen dreimal um den Kirchturm. Dann landen sie auf dem Marktplatz. Und nun überlegen sie, wo sie hingehen sollen.

Na, in ein Haus natürlich! Vielleicht in das hübsche weiße mit dem roten Dach und den grünen Fensterläden. Die sind nämlich nicht alle geschlossen. Zwei sind nur gegeneinander gelehnt und das Fenster dahinter steht einladend offen.

„Nichts wie rein!", sagt Golo. „Wir werden uns drinnen mal umgucken."

„Und wenn da noch jemand wach ist?", fragt Vanessa.

„Oder wenn er schläft und dann aufwacht?", fragt Vinzenz.

„Dann kriegt er bestimmt einen Schreck", sagt Golo, „und verkriecht sich schnell unter der Decke." Schon schlüpft er durchs Fenster.

Vanessa und Vinzenz nehmen sich bei der Hand und huschen hinter ihm her. Im Haus ist es dunkel und still. Alle Zimmer sind leer. Keiner ist da. Auch nicht im Bett.

„Eigentlich schade!", sagt Vinzenz.

„Ja, wirklich sehr schade!", sagt Vanessa.

Golo findet das auch. Doch im Grunde sind sie alle ganz froh. So können sie sich nämlich in Ruhe umgucken – in der Küche, im Bad und in sämtlichen Zimmern.

Wirklich spannend, wie die Menschen so leben! Was sie alles in der Speisekammer haben! Und im Kleiderschrank! Und in der Spielkiste!
Auf dem Flur steht eine große, schwere, schwarzbraune Truhe. Vanessa und Vinzenz sind ganz begeistert. Sie finden, die Truhe sieht aus wie ein Bett. Wie gemacht für Vampire. Da möchte man sich zum Spaß gleich mal hineinlegen.
Mit geschickten Fingern öffnet Vanessa das Schloss. Mit starken Armen stemmt Vinzenz den Deckel hoch. Dann klettern sie fix in die Truhe. Golo schaut kopfschüttelnd zu.

„Komm doch auch rein!", rufen die beiden Vampire. „Hier ist noch viel Platz."
Na gut, Golo möchte kein Spielverderber sein. Also steigt er auch in die Truhe. „Deckel zu!", sagt Vanessa. „Dann ist es erst richtig gemütlich."
Ja, jetzt ist es drinnen schön dunkel. Nur ein dünner Lichtstreif fällt unter dem Deckel her durch einen schmalen Spalt in die Truhe. Die drei kuscheln sich eng aneinander. Aber an Schlafen denken sie nicht. Es ist ja noch lange nicht Tag!
Mal kitzeln sie sich. Mal verknoten sie ihre Arme und Beine. Mal liegen sie still und mal kullern sie durcheinander. Und dann wollen sie wieder raus.
Aber das geht nicht!

Der Deckel lässt sich nicht heben. Das Schloss ist zugeschnappt und man kann es von innen nicht öffnen. Oh weh! In der Truhe wird es ganz still.

Was sollen sie machen? Um Hilfe rufen? Oder warten, bis einer kommt? So ein Mensch, der vor Schreck bestimmt gleich in Ohnmacht fällt, wenn er sie sieht?

„Kommt gar nicht infrage!", sagt Golo. „Ein Gespenst ruft nicht um Hilfe. Es wartet auch nicht auf Menschen. Es kann nämlich mehr!"

Im nächsten Augenblick macht er sich dünn. Platt wie ein Blatt Papier. So schiebt er sich durch den schmalen Spalt unter dem Deckel der Truhe hinaus. Langsam, ganz langsam! Damit er bloß nicht kaputtgeht. Ah, jetzt hat er's geschafft. Und nun pustet er sich gleich wieder auf. Erst als er wieder so aussieht wie früher, macht er das Schloss auf. Und dann stemmt er den Deckel hoch. Die beiden Vampire klettern erleichtert heraus.

„Das hast du gut gemacht!", ruft Vinzenz.

„Vielen Dank auch!", ruft Vanessa.

„Keine Ursache!", sagt Golo. „Das Dünnmachen hab ich bei Tante Gerlinde gelernt. Genau wie das Dickmachen."

Und dann? Na, dann machen die drei Ausreißer, dass sie heimkommen! So schnell sie können, schweben, fliegen und flattern sie durch das Fenster – aus dem Haus, aus dem Dorf, über den Tannenwald, den Berg hinauf bis zum Schloss.

Hoffentlich hat sie noch niemand vermisst!

Ihre jüngeren Geschwister spielen drinnen im Hof – immer noch oder schon wieder – mit ihren Kuscheltieren. Und die Erwachsenen sind weit und breit nicht zu sehen.

„Glück gehabt!", seufzt Golo, als sie zu dritt auf der Mauer sitzen und zufrieden in den sinkenden Mond gucken. „Wie hat euch unser Abenteuer gefallen?"

„Ganz toll!", sagt Vinzenz.

„Wunderbar!", sagt Vanessa.

Golo nickt. Vielleicht fliegen sie nächstes Mal bis in die Stadt. Obwohl sie das natürlich nicht dürfen …

Gretchen im Räuberhaus

Kleine Gespenster müssen viel lernen. Vor allen Dingen spuken! Spuken und alles, was damit zusammenhängt. Also heulen und jammern, rumpeln und rasseln, vom Dach fallen und durch die Wand gehen, sich dick und sich dünn machen. Und noch eine Menge mehr.
All das lernen die kleinen Gespenster von den großen. Jede Nacht. Immer aufs Neue. Golo, Gretchen, Gisbert und Guggi sind froh, dass sie nicht nur mit Mama und Papa, sondern auch noch mit Oma und Opa unter einem Dach wohnen. Und obendrein mit Onkel Gustav und Tante Gerlinde.
Bei Mama Gespenst lernen sie heulen und jammern. Keiner macht das so gut wie sie. „Huhuhuhu!", heult Mama Gespenst. Und: „Wehe, wehe, wehe!", jammert sie. Beides zum Steinerweichen.
Papa Gespenst kann fabelhaft rumpeln und rasseln. Er rumpelt mit der eisernen Kugel, die er am Bein hinter sich herzieht, und er rasselt mit der Kette, an der er sie festgemacht hat.
Oma Gespenst fällt jede Nacht mindestens fünfmal vom Dach. Mit Absicht natürlich. Und sie bleibt jedes Mal heil und gesund. Opa Gespenst geht nie durch die Tür, sondern stets durch die Wand. Die ganze Familie ist immer

wieder erschrocken, wenn er so plötzlich im Zimmer steht. Tante Gerlinde kann sich mit einem Atemzug dick oder dünn machen. Eben noch war sie so rund wie ein Luftballon, da schrumpft sie plötzlich zusammen und ist nun so dünn wie ein Faden. Ja, umgekehrt schafft sie es auch. Bleibt noch Onkel Gustav. Der kann etwas, was kein anderer kann: nämlich den Kopf abnehmen. Ehrlich, er nimmt seinen Kopf ab wie andere Leute ihren Hut. Es tut ihm kein bisschen weh!

Meist sind die vier Gespensterkinder eifrige und aufmerksame Schüler. Sie wollen ja bald genauso gut spuken können wie die Großen. Und das Lernen macht ihnen Spaß. Dass eines von ihnen sagt: „Ich hab keine Lust mehr!", ist wirklich die Ausnahme. Aber es kommt natürlich mal vor.

Heute sagt Gretchen: „Ich hab keine Lust mehr!" Das heißt, eigentlich denkt sie es nur. Es laut auszusprechen traut sie sich nicht. Oma Gespenst, mit der sie gerade Vom-Dach-Fallen übt, ist ziemlich streng und würde es auch gar nicht verstehen.

„Versuch's noch mal, Kind!", sagt sie ernst. „Zuerst die Arme ausbreiten, dann einen Fuß neben den anderen setzen und nun einfach über die Dachrinne ins Leere treten! Pass auf, wie ich es mache!"

Huiii, schon segelt Oma zum achten Mal an diesem Abend nach unten.

Gretchen schaut hinter ihr her und denkt: Ich hab keine Lust mehr. Und nun sagt sie es auch. Laut und deutlich: „Ich hab

keine Lust mehr!"
Oma hört es ja nicht auf ihrem Sturzflug in die Tiefe. Und als sie wieder oben ankommt, ist ihre Schülerin nicht mehr da.
Gretchen ist auf der anderen Seite des Schlosses einfach das Regenrohr hinuntergerutscht und hat unten im Hof Tante Gerlinde und Onkel Gustav getroffen. Die wollen gerade ausfliegen.
„Nehmt ihr mich mit?", fragt Gretchen sofort. „Ich möchte so gern wieder mal raus."
„Tja, ich weiß nicht …" Onkel Gustav kratzt sich den Kopf, der augenblicklich ganz normal auf dem Hals sitzt. „Hast du Mama und Papa gefragt?"

„Die sind in die Stadt geflogen", sagt Gretchen, „aber sie hätten bestimmt nichts dagegen."

„Und Oma?", fragt Tante Gerlinde. „Wolltet ihr heute nicht üben, wie man vom Dach fällt?"

Gretchen nickt. „Oma hat es mir achtmal vorgemacht und ich habe es achtmal nachgemacht. Beim neunten Mal ist sie dann nicht mehr wiedergekommen."

Da hat Gretchen natürlich ein bisschen geschwindelt. Oma ist ja wiedergekommen! Allerdings erst, als Gretchen schon weg war.

„Soso, dann bist du heute schon achtmal vom Dach gefallen", sagt Tante Gerlinde. „Ich denke, das reicht."

Onkel Gustav nickt Gretchen zu. Sein Kopf sitzt noch immer fest. „Meinetwegen kannst du mitfliegen. Wir spuken heute allerdings nur ganz in der Nähe."

„Im Wald?", fragt Gretchen.

„Ja, im Wald", sagt Tante Gerlinde. „Die Luft dort bekommt uns so gut."

Gretchen ist ein bisschen enttäuscht. Sie findet es im Wald ziemlich langweilig. Aber was soll's – mit Onkel und Tante durch den Wald zu spuken, ist immer noch besser, als mit

Oma vom Dach zu fallen. Also schwebt Gretchen jetzt Hand in Hand mit den beiden über die Mauer, den Berg hinab und in den Wald hinein. Da ist es schön dunkel und still. Eine Eule kreist über den Tannen. Ein Fuchs streicht vorbei. Ein Igel raschelt durchs Farnkraut. Aber sonst ist leider nichts los.

„Was für eine wunderbare Luft!", ruft Onkel Gustav. „Dieser Ausflug ist die reinste Erholung."

„Du musst tief durchatmen, Kind!", sagt Tante Gerlinde und macht es gleich vor, indem sie mal dick und mal dünn wird. Gretchen ist die Luft ziemlich egal. Gretchen will auch nicht tief durchatmen. Ganz zu schweigen vom Dick- oder Dünnwerden. Gretchen denkt wie vorhin: „Ich hab keine Lust mehr!"

An der Waldwiese machen sie halt. Onkel Gustav und Tante Gerlinde setzen sich unter einen Baum und halten ihre bleichen Gesichter in den silbernen Mondschein. Gretchen hüpft am Bach entlang, weiter und weiter. Anfangs winkt sie zurück oder ruft Huhu, doch als sie merkt, dass Onkel und Tante nicht auf sie Acht geben, verschwindet sie fix hinter der Nusshecke. Nun ist sie allein. Und es macht ihr gar nichts aus. Im Gegenteil! Es ist schön, keinem die Hand geben zu müssen. Es ist auch schön, mit niemandem üben zu müssen, sondern einfach nur hierhin und dorthin zu schweben. Mal schnell und mal langsam. Ganz wie man will. Gretchen hat keine Angst, sich zu verlaufen. Sie kann ja fliegen! Ab und zu steigt sie steil in die Luft, hält sich an

einem Baumwipfel fest und guckt, wo das Schloss liegt. Aha, dort hinten! Sie wird bestimmt mühelos zurückfinden.
Aber noch ist es zu früh! Die Kirchturmuhr schlägt ja gerade erst Mitternacht. Gretchen zählt mit. Sie kann schon lange bis zwölf zählen. Das ist für Gespenster eine wichtige Zahl. Danach schlägt es eins. Und von da an geht es Stunde für Stunde dem Morgen entgegen. Dann muss Gretchen zu Hause sein. Doch zwischen zwölf und eins braucht sie sich noch keine Sorgen zu machen. Gretchen schwebt also weiter. Leider begegnet ihr kein Mensch. Kein Mann, keine Frau und kein Kind. Wirklich sehr schade!
Aber dann, mitten im Wald, dort, wo es zwischen den Bäumen am allerdunkelsten ist, sieht Gretchen auf einmal ein Haus – ein düsteres Haus mit hell erleuchteten Fenstern. Das ist ein Räuberhaus und die fünf Räuber, die darin wohnen, sitzen gerade um den reich gedeckten Tisch. Keiner von ihnen bemerkt das kleine Gespenst, das heimlich hereinspäht und ihnen beim Nachtessen zuguckt.
Gretchen kichert. Es müsste doch lustig sein, wenn man diesen ruppigen Räubern ein wenig Angst machen könnte! Gedacht – getan. Gretchen zeigt, was sie bei Opa Gespenst gelernt hat, und schwebt durch die Wand ins Räuberhaus. Schwebt bis auf den Tisch. Dort beginnt sie zu heulen: „Huhuhuhu!" Und zu jammern: „Wehe, wehe, wehe!" Nicht ganz so toll wie Mama Gespenst, aber doch schon sehr gut. Und was machen die Räuber? – Sie beugen sich vor und staunen. Sie reißen die Augen auf und kriegen auch den

Mund nicht mehr zu. Sie vergessen zu essen, sie vergessen zu trinken und dann …

„Hohohoho!", lacht der Erste. „Guckt mal, das kleine Gespenstchen!"

„Wie es jammert und heult!", lacht der Zweite. „Ob es uns Angst machen will?"

„Nein, das ist wirklich zu komisch!", lacht der Dritte. „Hohohoho!"

„Hohohoho!" Nun lachen sie alle. Keiner bleibt ernst. Und sie können gar nicht mehr aufhören.

Gretchen guckt von einem zum anderen. Es gefällt ihr gar nicht, wenn man sie auslacht. Am liebsten würde sie jetzt rumpeln und rasseln. Aber leider hat sie weder Kugel noch Kette mit und kann nicht zeigen, was sie bei ihrem Papa gelernt hat.

Also, was dann? – Gretchen holt einmal tief Luft und pustet sich auf. Sie wird fast so dick wie Tante Gerlinde. Aber die Räuber … diese dämlichen Räuber lachen noch lauter als vorher.

Was soll Gretchen jetzt machen? Den Kopf abnehmen vielleicht? – Ehrlich gesagt, ist ihr das bisher nicht ein einziges Mal richtig gelungen. Obwohl Onkel Gustav es immer wieder mit ihr geübt hat. Aber vielleicht schafft sie es ja heute. Wenn es klappt, wird den Räubern das Lachen bestimmt vergehen!

Gretchen legt also beide Hände an die Ohren und zieht ihren Kopf nach oben. Sie zieht und sie zerrt. Aber es klappt nicht. Gretchen ächzt vor Anstrengung. Die Räuber johlen vor Vergnügen.

Da weht plötzlich ein kräftiger Wind durch den Raum. Und mit ihm Tante Gerlinde, so dick und rund wie noch nie. Hinter ihr her Onkel Gustav mit seinem Kopf unterm Arm. Wie die beiden hereingekommen sind, hat keiner gesehen.

Die Räuber sind auf einmal ganz still. Dann springen sie auf. Dann rennen sie aus dem Haus. Dann verschwinden sie im Wald. Und jetzt hört man sie nur noch schreien – irgendwo, ganz weit weg.

Gretchen hüpft vom Tisch und umarmt Tante Gerlinde. Als Onkel Gustav seinen Kopf wieder aufgesetzt hat, fällt sie auch ihm um den Hals.

„Bravo!", ruft Gretchen. „Ihr habt die Räuber in die Flucht geschlagen. Vor mir hatten sie kein bisschen Angst, da konnte ich machen, was ich wollte."

„Du bist ja auch noch recht klein", sagt Tante Gerlinde.

„Du musst ja auch noch viel lernen", sagt Onkel Gustav.

Immerhin schimpfen sie nicht, weil Gretchen sich auf der Waldwiese einfach weggeschlichen hat. Und sie haben alle zusammen die Räuber erschreckt. Das ist schließlich die Hauptsache.

Du bist nicht mehr meine Freundin!

Gerade kocht sich Mama in der Küche einen Tee. Sie ist ganz allein. Papa ist noch schnell zum Einkaufen gefahren, Simon ist mit dem Fahrrad unterwegs und Lisa, die Jüngste, spielt bei ihrer allerbesten Freundin Paula. Plötzlich hört Mama auf der Treppe ein lautes Stampfen. Was mag das sein? Kurz darauf klingelt es Sturm. Es hört sich an, als ob jemand den Klingelknopf mit der Faust bearbeiten würde. Schnell öffnet Mama die Tür. Und wer steht draußen mit vor Wut blitzenden Augen, die geballten Fäuste tief in die Hosentaschen gebohrt? Lisa!

„Nie mehr!", brüllt Lisa und stampft wütend an Mama vorbei.

„Nie mehr ist Paula meine beste Freundin!"

„Was ist denn passiert?", fragt Mama erschrocken. Aber Lisa schmeißt nur ihren Rucksack in die Ecke. Und zwar so heftig, dass Frau Susemihl herausfliegt.

„He, die Puppe kann doch nichts dafür!", sagt Mama und hebt Frau Susemihl hoch, die kopfüber in Papas Gummistiefel gelandet ist.

„Mir doch egal!", knurrt Lisa und schleudert in hohem Bogen ihre Schuhe von sich.
„Was ist denn los, Lisa?", fragt Mama noch einmal und klaubt einen Schuh aus dem Schirmständer.
Lisa antwortet nicht und rennt noch im Anorak wütend in ihr Zimmer. Sie schmeißt sich aufs Bett und trommelt mit den Fäusten auf die Matratze. Mama setzt sich auf die Bettkante und streichelt Lisa vorsichtig übers Haar.
„Lass mich in Ruhe!", brüllt Lisa.
„Na, dann beruhig dich erst mal", seufzt Mama und geht zurück in die Küche. An der Tür dreht sie sich noch einmal um. „Falls du Durst hast, es gibt Früchtetee und Kekse."

Aber von Lisa kommt kein Mucks. Ratlos zuckt Mama mit den Schultern.

Nachdem sie ihren Tee getrunken, die Zeitung gelesen und schnell noch eine Waschmaschine mit Wäsche gefüllt hat, schaut Mama noch mal nach Lisa. Die liegt immer noch genauso auf dem Bett wie vorhin.

„Willst du nicht wenigstens deinen Anorak ausziehen, Lisa?"

„Lass mich in Ruhe", brummt Lisa.

In dem Moment dreht sich ein Schlüssel im Schloss der Wohnungstür.

„Hallo, ihr Lieben, ich bin wieder da!", ruft Papa fröhlich und wuchtet die schwere Kiste mit den Einkäufen in den Flur. Er drückt Mama einen schnellen Kuss auf die Backe.

„Ich hab Paulas Eltern im Supermarkt getroffen. Wir sind am Sonntag zum Kaffee eingeladen", erzählt er, während er seine Jacke an den Haken hängt.

„UUUUUAAAAAAH!", brüllt Lisa, die jetzt senkrecht auf dem Bett sitzt.

„Was ist denn los?", fragt Papa verständnislos.

„Lisa und Paula haben sich gestritten", erklärt Mama. „Das wird schon wieder."

„Nie mehr!", schreit Lisa.

„Nie mehr ist Paula meine Freundin. Und ihr seid alle blöd!", fügt sie schluchzend hinzu.

„Hehehe, nun mal langsam", sagt Papa. „Was ist denn so Schreckliches passiert?"

Er geht ins Kinderzimmer und setzt sich zu Lisa aufs Bett.

„Was ist denn passiert, dass sich Schneeweißchen und Rosenrot so entzweit haben?", fragt er mit einem kleinen Schmunzeln.

Schneeweißchen und Rosenrot, das sagt er immer, weil Lisa im letzten Winter eine weiße Mütze hatte und Paula eine rosenrote. Sonst findet Lisa das immer lustig. Aber heute kann sie gar nicht darüber lachen.

„Lass mich in Ruhe!", heult sie laut, nimmt den Teddy, der ihr am nächsten sitzt, und pfeffert ihn gegen den Schrank. Alle anderen Kuscheltiere fliegen hinterher. Sogar Knuddl Hase, den Lisa am allermeisten liebt, schmeißt sie quer durchs Zimmer.

„Willst du uns nicht erzählen, was los ist?", versucht Papa es noch einmal. Aber Lisa guckt nur finster vor sich hin.

Kurz vor dem Abendessen kommt Simon nach Hause.

„Mensch, hab ich einen Bärenhunger!", ruft er schon an der Tür und streift seine dreckigen Stiefel ab.

„Was gibt es denn?", fragt er und kommt schnuppernd in die Küche.

„Speckpfannkuchen und Salat", sagt Papa. „Aber geh erst mal zum Pfotenwaschen. Du siehst ja aus, als hättest du dich mit den Händen bis China durchgebuddelt."

„Essen ist fertig!", ruft Mama.

„Hab keinen Hunger!", ruft Lisa.

„He, es gibt aber dein absolutes Lieblingsessen", sagt Simon, als er vom Bad zurückkommt.

„Mir doch egal", brummt Lisa.

„Cool! Dann kann ich ja deine Portion mitessen", grinst Simon.

„Mir doch egal!", brummt Lisa.

„Was ist denn los? Du machst ja ein Gesicht wie 'ne Gewitterziege."

„Lass mich in Ruhe!", schreit Lisa und streckt ihrem Bruder die Zunge heraus.

„Gewitterziege, Gewitterziege!", singt Simon und schneidet dazu seine verrücktesten Grimassen.

„Komm, lass sie zufrieden", sagt Mama und legt ihren Arm um Simon.

„Sie hatte einen schlimmen Streit mit ihrer Freundin. Deshalb ist sie so schlecht gelaunt."

„Paula ist nicht mehr meine Freundin!", ruft Lisa und Tränen der Wut laufen ihr über die Backen.

„Mach dir nichts draus", versucht Simon zu trösten.

„Lukas war auch schon ein paarmal nicht mehr mein Freund."

„Aber Paula ist nie, nie, nie mehr meine Freundin!", weint Lisa.

Und da weiß Simon auch nicht mehr weiter.

Die Speckpfannkuchen duften zwar sehr lecker, aber Lisa rührt keinen Bissen an. Auch nicht vom Salat, obwohl ihn Mama extra mit Mais gemacht hat.

Nach dem Essen – Lisa hat inzwischen missmutig ihren Schlafanzug angezogen – klingelt das Telefon.

„Ist für Lisa!", ruft Simon und reicht seiner Schwester das Telefon.

„Ja?", sagt Lisa. „Hmm! Okay! Bis dann!"

„Das war Paula!", sagt Lisa, als sie in die Küche gehopst kommt. „Sie holt mich morgen zum Baden ab. Gibt's noch Pfannkuchen? Jetzt hab ich irgendwie doch Hunger."

„Das verstehe, wer will", seufzt Simon.

Lisa verputzt drei Pfannkuchen und jede Menge Salat. Nach dem Zähneputzen reiht sie alle ihre Kuscheltiere wieder fein säuberlich auf ihrem Bett auf.

Knuddl Hase kriegt einen Schmatz und den Ehrenplatz auf dem Kopfkissen direkt neben Frau Susemihl.
Als Papa und Mama zum Gutenachtsagen kommen, wollen sie natürlich wissen, was eigentlich los war. Warum Lisa denn erst so wütend war und jetzt doch wieder mit Paula zum Baden gehen will.
„Worüber habt ihr euch denn so fürchterlich gestritten?"
„So halt!", sagt Lisa und kuschelt sich tief in ihre Decke. Und damit müssen sich Papa und Mama wohl zufriedengeben.

Junge oder Mädchen

Frau Brumshagen musste zur Post, um ein Paket abzuholen. Eigentlich wollte sie Melina und Elvis mitnehmen, aber die hatten keine Lust auf die langweilige Post und wollten lieber zu Hause bleiben und spielen. Zum Glück wollte aber Herr Herbstein auf die Kinder aufpassen und so ergab sich alles zum Besten.

„Ich beeile mich auch!", sagte Frau Brumshagen. „Und zackdiback bin ich wieder da."

„Keine Eile", lachte Herr Herbstein, „ich spiele mit Melina und Elvis ‚Junge oder Mädchen', da vergeht die Zeit wie im Flug."

Die bravsten Kinder der Welt saßen auf der Fensterbank und schauten ihrer Mutter zu, wie sie mit dem Fahrrad zur Post fuhr. „Wie spielt man denn ‚Junge oder Mädchen'?", fragte Elvis gelangweilt.

„Ganz einfach", sagte Herr Herbstein, „wir schauen einfach aus dem Fenster und wenn ein Mädchen vorbeikommt, habt ihr gewonnen, und wenn ein Junge vorbeikommt, gewinne ich." Die Kinder verzogen gelangweilt ihre Gesichter, bis Melina schließlich sagte: „Okay, wir spielen mit, aber wenn wir gewinnen, musst du dich als Frau verkleiden."

Herr Herbstein nickte: „Und wenn ihr verliert, muss sich Melina als Junge und Elvis als Mädchen verkleiden."

„Ich verkleide mich nicht als Mädchen, oder?", rief Elvis.

„Okay, Bruderherz, aber dann müssen wir gewinnen", beschloss Melina und das Spiel begann.

Alle drei glotzten wie Katzen aus dem Fenster. Lange Zeit passierte nichts, einmal fuhr ein rotes Auto vorbei, aber sonst bewegte sich nichts auf der Straße.

„Langweilig", sagte Elvis, „da können wir ja lange warten, oder?", und bohrte in der Nase.

Herr Herbstein starrte weiterhin auf die Straße und sagte nichts.

„Da, da, da", rief er plötzlich, „da kommt jemand!"

Ein Mädchen fuhr mit einem Roller über den Bürgersteig und schaute belustigt auf die drei Gesichter hinter der Scheibe. „Hurra!", schrie Melina. „Ein Mädchen! Der erste Punkt geht an uns."

Elvis jauchzte: „Ein Punkt ist voll gut, oder?"
Er freute sich so, dass er sogar vergaß, einen Riesenpopel aufzufuttern. Herr Herbstein nickte enttäuscht. Das fing ja gut an: Als hätte sich alles gegen ihn verschworen, rannte als Nächstes die Mädchenfußballmannschaft der Bonifatiusschule mit sieben Mädchen vorüber und wollte zu ihrer Turnhalle.

„Hurra!", schrie Melina. „Sieben Mädchen rennen vorüber. Das sind sieben Punkte für uns. Sieben Mädchen von jetzt und das eine Mädchen von vorhin machen zusammen acht Mädchen."

„Dann steht es 8:0 für uns, oder?", lachte Elvis und kitzelte übermütig Herrn Herbstein, der gar nicht lachen wollte, weil er schon wieder verloren hatte.

„Wenn du verlierst, Herr Herbstein, musst du dich als Frau verkleiden, oder?", lachte Elvis.

„Ja, und?", murmelte Herr Herbstein. „Als Frau war ich schon lange nicht mehr verkleidet!" Man spürte aber ganz genau, dass er lieber seinen Kapitänsanzug trug.

Als Nächstes kamen die Zwillinge Doris und Dörte Zischler auf ihren Fahrrädern vorbeigedüst und die Kinder hatten wieder zwei Punkte gewonnen. Danach zog Klein Katrin ihre Hündin Babsi hinter sich her und beide streckten Herrn Herbstein die Zunge heraus. Herr Herbstein ärgerte sich so darüber, dass er Klein Katrin und ihrer Hündin ebenfalls die Zunge zeigte. Nun waren so viele Mädchen am Fenster vorübergezogen, dass es sogar 12:0 für Melina und Elvis stand. Herr Herbstein war sauer. Er ging in die Küche und fing an zu spülen. Melina schaute Elvis an und flüsterte ihm etwas ins Ohr. Elvis stand danach grinsend auf und lief aus dem Zimmer nach draußen.

„Herr Herbstein, komm doch wieder ans Fenster. Das Spiel ist noch nicht vorbei!", rief Melina.

Herr Herbstein spülte gerade Elvis' Lieblingstasse und winkte ab: „Ich bleibe, wo ich bin. Verlieren kann ich auch von hier aus."

„Komm doch!", bat Melina.

Am Fenster tat sich was. Erstaunt sah Herr Herbstein einen Jungen von links nach rechts hüpfen. Es war Elvis, der auf einem Bein von links nach rechts hüpfte. Klarer Fall, im Spiel ‚Junge oder Mädchen' war ein Junge vorbeigekommen. Herr Herbstein holte auf, nun stand es nur noch 12:1 für die bravsten Kinder der Welt.

Kurz darauf hüpfte Elvis auf dem anderen Bein, aber nun von rechts nach links, an ihnen vorüber und wieder holte Herr Herbstein einen Punkt und es stand nur noch 12:2. Herr Herbstein klatschte begeistert in die Hände und hatte seinen Ärger vergessen.

„Siehst du", lachte Melina, „alles wendet sich zum Guten."

Herr Herbstein holte Punkt um Punkt auf und bis Frau Brumshagen von der Post zurück war, war Elvis so oft hin- und hergelaufen, dass es nur noch 12:9 für Melina und Elvis stand. Elvis kam stolz mit seiner Mutter herein und trug ihr großes Paket, welches sie von der Post geholt hatte.

„Was ist denn hier los?", fragte Frau Brumshagen erstaunt.

„Ich habe verloren", lachte Herr Herbstein, „aber das ist nicht so schlimm. Die Kinder haben alles dafür getan, dass ich trotzdem gute Laune bekomme."

„Aber verloren hast du trotzdem", flüsterte Melina, „und du weißt ja, was der Verlierer tun muss?"

Herr Herbstein nickte. „Ich weiß, ich muss mich nun als Frau verkleiden, aber wo soll ich für mich ein Frauenkostüm herbekommen?"

„Vielleicht kann ich helfen", sagte Frau Brumshagen und hielt Herrn Herbstein das Postpaket entgegen. „Ich habe mir ein Kostüm schicken lassen und glaube, das wird Ihnen ganz entzückend stehen."

Kopfschüttelnd verzog sich Herr Herbstein mit dem Paket ins Badezimmer und guckte nach einiger Zeit vorsichtig aus der Tür.

„Komm heraus, Herr Herbstein!", rief Melina. „Wir wollen dich ganz sehen."

Langsam kam Herr Herbstein aus dem Badezimmer und stellte sich mit Kostüm und Bluse vor die Kinder.

Melina sagte nach einiger Zeit: „Du siehst wirklich …"
Weiter kam sie nicht, dann warf sie sich vor Lachen auf den Boden.

Herr Herbstein wurde verlegen und wollte sich schon beleidigt zurückziehen, als Frau Brumshagen schnell sagte:

„Wissen Sie was, Herr Herbstein, wenn Sie nicht ein Mann wären, könnten Sie glatt meine beste Freundin sein."

Da musste auch Herr Herbstein lachen. Und alles war wieder gut und die Welt in Ordnung – bei Herrn Herbstein und den bravsten Kindern der Welt.

Der Gutenachtkuss

Einmal wollte Frau Brumshagen ins Kino gehen. Eine Freundin hatte sie eingeladen. Zum Glück hatte Herr Herbstein Zeit, auf die Kinder aufzupassen.

„Ich will auch ins Kino", krächzte der Papagei.

„Wenn mal ein schöner Papageienfilm kommt, dann gehen wir ins Kino", lachte Herr Herbstein und kraulte seinem Papagei den Hals.

„Au ja, einen richtigen Knutsch- und Kneiffilm will ich sehen", krächzte der Papagei.

„Was ist denn ein Knutsch- und Kneiffilm?", fragte Frau Brumshagen.

„Ein Knutsch- und Kneiffilm ist ein solch schöner Liebesfilm, dass man sich kneifen muss, um ganz sicher zu sein, dass man nicht träumt", erklärte Herr Herbstein.

Frau Brumshagen schaute auf die Uhr.

„Ich muss los", sagte sie. „Sonst komme ich zu spät ins Kino."

Die Kinder hatten ihre Schlafanzüge an und darüber einen Bademantel. Elvis lag bei Melina im Bett und beide schauten sich ein Bilderbuch an. Neben ihnen lagen Örschi, das Schaf, und Reinhardt, der Bär, und schauten mit. Örschi war Melinas Lieblingskuscheltier und Reinhardt war Elvis' Lieblingskuscheltier.

„Hallo ihr vier", sagte Herr Herbstein, „ihr habt es euch aber gemütlich gemacht."

„Ich bin ganz müde", sagte Elvis gähnend, „aber Reinhardt lässt mich nicht schlafen, oder?"

„Reinhardt macht immer Quatsch", murmelte Melina und blätterte in ihrem Bilderbuch.

„Ich wollte gerade einschlafen", beklagte sich Elvis, „da fing Reinhardt ganz laut an zu singen."

Herr Herbstein nahm Reinhardt auf den Arm und flüsterte: „Du, du, du, du, du, lass mir bloß den Elvis in Ruh."

„Wenn Elvis nicht schlafen kann, dann kommt er immer hochgekrabbelt und macht mich und Örschi wach", murmelte Melina, ohne von ihrem Buch aufzublicken.

Herr Herbstein überlegte und sagte: „Da gibt es nur eins. Ich kenne die schönste Gutenachtgeschichte der Welt. Die ist so schön, dass alle danach sofort einschlafen können."

„Reinhardt auch, oder?", fragte Elvis.

„Natürlich", schmunzelte Herr Herbstein, „Reinhardt und Örschi auch."

Melina schlug ihr Bilderbuch zu, nahm Örschi in den Arm und jagte Elvis und Reinhardt aus ihrem oberen Bett ins untere Bett.

Herr Herbstein begann zu erzählen: „Es war einmal eine kleine Dampfwalze, die stand so lange auf dem Dampfwalzenparkplatz, dass sie beschloss, eine Spazierfahrt zu machen. Natürlich machen Dampfwalzen einen Riesenkrach, wenn sie herumwalzen und herumdampfen, aber wenn sie nicht herumwalzen und herumdampfen würden, wären es auch keine Dampfwalzen."

Melina drückte ihr Schaf Örschi an sich und Elvis seinen Bären Reinhardt. Herr Herbstein erzählte weiter.

„Plötzlich sah die Dampfwalze eine Telefonzelle und dachte, die schaue ich mir genauer an und boing, kräsch, wurscht, war die Telefonzelle von der Dampfwalze plattgefahren. Oh, dachte die Dampfwalze. Ich sollte mal wieder meine Bremsen überprüfen lassen. Aber ehe sie sichs versah, stand sie vor einem Briefkasten und boing, kräsch, wurscht, hatte sie auch diesen plattgemacht. Dabei wollte die Dampfwalze noch ausweichen und boing, kräsch, wurscht, war auch die Ampel platt wie ein Pfannkuchen."

„Herr Herbstein?", unterbrach Elvis die Geschichte.

„Was ist denn, Elvis?", fragte Herr Herbstein und beugte sich zu dessen Bett herunter.

„Reinhardt findet deine Geschichte übertrieben", flüsterte Elvis.

„Reinhardt findet meine Geschichte übertrieben?", flüsterte Herr Herbstein zurück. „Reinhardt soll aufpassen, was er sagt, sonst erzähle ich nicht weiter."

Elvis und Reinhardt lachten, kuschelten sich wieder aneinander und Herr Herbstein erzählte weiter: „Die Dampfwalze war also ganz traurig. Alles hatte sie boing, kräsch, wurscht, plattgemacht. Traurig hörte sie auf zu dampfen und zu walzen, als sie plötzlich einen Riesenlärm wahrnahm und eine wunderschöne Dampfwalze auf sich zurollen sah. Unsere Dampfwalze fuhr ihr gleich entgegen. Da machte es plötzlich …"

„Boing! Kräsch! Wurscht!", riefen Melina und Elvis gleichzeitig. „Und sie hatten sich gegenseitig plattgemacht."
„Nein", sagte Herr Herbstein, „die beiden Dampfwalzen fuhren zwar gegeneinander, aber gaben sich so den längsten Dampfwalzenkuss der Welt und wenn sie nicht gestorben sind, dann walzen sie noch heute."
Die Geschichte war zu Ende und Herr Herbstein gähnte zufrieden.

„Ich kann immer noch nicht schlafen", flüsterte Melina plötzlich. „Irgendwas fehlt noch."
„Reinhardt findet auch, dass noch was fehlt, oder?", ließ sich Elvis hören.
Herr Herbstein überlegte, was er machen sollte, irgendwas fehlte wirklich. Unten wurde die Haustür geöffnet.
Frau Brumshagen war aus dem Kino zurückgekommen.
„Schon wieder da?", fragte Herr Herbstein. „War der Film schön?"
Frau Brumshagen zog ihren Mantel aus und sagte: „Ja, es war ein wunderbarer Knutsch- und Kneiffilm. Er handelte von einem Mann und einer Frau, die sich so gernhatten, dass sie sich einen ganz dicken Kuss gaben."

„Natürlich", dachte Herr Herbstein sofort, „das ist es. Kinder brauchen vor dem Einschlafen einen Gutenachtkuss. Das hatte ich vergessen."
Als könnte Frau Brumshagen Gedanken lesen, fragte sie plötzlich: „Habt ihr Herrn Herbstein schon einen Gutenachtkuss gegeben?"
Beide Kinder schüttelten den Kopf. Da gab ihnen Herr Herbstein einen Gutenachtkuss und Örschi und Reinhardt auch.
„Boing, kräsch, wurscht", flüsterten Melina und Elvis und schliefen ein.
Und alles war wieder gut und die Welt in Ordnung – bei Herrn Herbstein und den bravsten Kindern der Welt.

Baden mit viel Schaum

Mama schaut zu Dido und Duffi ins Kinderzimmer.
„Gleich wird gebadet!", ruft sie.
„Mit viel Schaum?", fragt Duffi. „Klar", lacht Mama, „mit ganz viel Schaum!"
Duffi rennt gleich ins Bad. Dido trödelt hinterher.
„Was ist denn mit dir?", fragt Mama. „Möchtest du nicht in die Badewanne?" Sie hebt Duffi hoch und setzt sie in die Wanne.
„Hm, weiß nicht ...", murmelt Dido und schaut ins Wasser.
„Was ist denn, wenn da Krokodile im Wasser sind?" Mama und Duffi lachen.
„Krokodile leben nicht in der Badewanne!", sagt Mama und zieht Dido aus.
„Und wenn Haie in der Badewanne versteckt sind?"
Mama hebt Dido hoch. „Keine Haie in Sicht!", sagt sie.

„Schaut mal!", ruft Duffi. „Ich habe Schaumlocken!" Dido lacht. „Ich will auch Schaumlocken!", ruft er.
„Schaumlocken gibt es nur in der Badewanne!", sagt Mama. Schwupp! Schon sitzt Dido bei Duffi im Wasser.
Mama schiebt den Schaum ein bisschen zur Seite. „Siehst du?", fragt sie Dido. „Keine Haie und kein einziges Krokodil!" Aber Dido hat die schon längst wieder vergessen, denn Duffi hat ihm eine Schaumkrone auf den Kopf gesetzt. „Mama, schau mal!", ruft sie. „Jetzt hat Dido Schaumlocken."
„Und jetzt habe ich einen Schuh aus Schaum!", ruft Dido und hält seinen Fuß hoch. „Und jetzt noch einen!" Doch plötzlich rutscht er ab. Der ganze Dido ist im Schaum verschwunden. Schnell zieht Mama ihn wieder hoch. Dido prustet laut. Er ist über und über mit Schaum bedeckt.

„Schnell, hier ist ein Waschlappen!", sagt Mama und wischt ihm die Augen trocken.

„Du siehst aus wie ein Schaummonster!", lacht Duffi. Jetzt kann Dido auch wieder lachen. Sofort seift er Duffi ein. Beide Schaummonster brüllen um die Wette.

„Hilfe!", ruft Mama und hält sich die Ohren zu. „Jetzt ist es genug!" Sie holt ein großes kuscheliges Handtuch aus dem Schrank. Zuerst trocknet sie Duffi ab.

„So, Dido, jetzt bist du an der Reihe!"

Dido schüttelt den Kopf. „Ich kann heute nicht ins Bett!"

„Und warum nicht?", fragt Mama verwundert.

Dido schaut jetzt ganz ernst. „Weil sich ein großer Tiger in meinem Bett versteckt hat!", flüstert er.

„Erst Krokodile und Haie und jetzt auch noch Tiger im Bett!", lacht Mama. „Wir können ja bald einen Zoo aufmachen!" Sie hebt Dido aus dem Wasser und trocknet ihn gut ab.

„Jetzt gehen wir mal zusammen Tiger fangen", sagt Mama und nimmt Dido und Duffi an die Hand. Aber im Kinderzimmer finden sie keinen einzigen Tiger. Nur schöne, weiche Kuscheltiere. Und die beißen kein bisschen!

Ein großes Durcheinander

Dido und Duffi sitzen im Kinderzimmer auf dem Boden. Sie spielen ‚Durcheinander'. Das ist ein Spiel, das sie selber erfunden haben. Sie haben viele Sachen übereinander und nebeneinander gestapelt. Dazwischen haben sie die Gleise der Holzbahn aufgebaut. In der Mitte steht eine große Schüssel mit Wasser. Das ist ein See. Duffi legt die Gleise über den See.

„Achtung!", ruft Dido laut, „hier kommt der Seezug! Tff, tff tff!"

„Hui!", ruft Duffi, „und hier kommt noch ein Seezug!"
Und bummm! Beide Züge fallen in die Wasserschüssel. Das Wasser spritzt nach allen Seiten. Da geht die Tür auf und Mama schaut ins Kinderzimmer. Sie macht große Augen.

„Hallo Mama! Wir spielen ‚Durcheinander'!", ruft Duffi fröhlich. „Genauso sieht es aus!", schimpft Mama.
„Ihr räumt jetzt hier mal schön auf!"

„Aber das Spiel ist noch gar nicht zu Ende!", sagt Dido.

„Oh, doch!", sagt Mama deutlich. „Und in einer Stunde sieht hier alles picobello sauber aus." Dann geht sie wieder hinaus.

„Das ist ja gemein!", sagt Dido.

„Stimmt genau!", antwortet Duffi.

„Und wo sollen wir denn alles hintun?" Dido schaut sich fragend um.

„Ich habe eine Idee!", flüstert Duffi. „Wir stecken alles in
den großen Schrank! Dann ist es ganz toll aufgeräumt!"
Dido strahlt. „Das ist eine richtig gute Idee!"
Schnell machen sie den Schrank auf und stopfen alles hinein,
was verschwinden soll. Leider ist der Schrank schon ziemlich
voll. Sie drücken und schieben und machen dann ganz
schnell die Tür zu. Geschafft!
Kurz darauf schaut Mama wieder durch die Tür. „Toll!",
ruft sie. „Das habt ihr sehr schön gemacht!" Mama geht
zum großen Schrank. „Wo ist denn deine kaputte Hose,
Dido?", fragt sie.
Dido will noch was sagen, aber Mama hat den Schrank
schon geöffnet.
„Hilfe!", ruft sie, „was ist das denn?"
Alles, was Dido und Duffi in den Schrank gestopft haben,
fällt wieder heraus. Dido und Duffi versuchen, nicht zu
lachen, aber Mama sieht so komisch aus!
Mama versucht, streng zu gucken, aber dann muss sie auch
furchtbar lachen. Dido hält sich den Bauch. „Oh Mama, du
kannst ja auch sehr gut ‚Durcheinander' spielen!"

Dido schläft woanders

„Mama, Mama!", ruft Dido laut. Er saust in die Küche.
„Mama, darf ich heute Nacht bei Igor schlafen? Oh bitte!"
Mama schaut über die Schulter. „Weiß Igors Mama denn von diesem Plan?", fragt sie. Dido nickt heftig.
„Ja, sie hat gesagt, ich darf kommen. Und ich darf im Schlafsack schlafen. Bitte!"
Mama nickt. „Na gut. Dann pack schon mal deinen Schlafanzug und deinen Dino ein!" Das lässt Dido sich nicht zweimal sagen. Er rennt ins Kinderzimmer.
„Juhu! Ich darf heute bei Igor übernachten!", ruft er und springt auf sein Bett.
„Darf ich auch mit?", fragt Duffi. Dido schüttelt den Kopf.
„Nein, nur ich", sagt er und schaut unter dem Kopfkissen nach seinem Schlafanzug.

Duffi rennt in die Küche. „Mama, ich will auch bei Igor schlafen!" Mama nimmt Duffi in den Arm. „Du bleibst bei Papa und mir!", sagt Mama. „Aber wenn du willst, darfst du heute Nacht in Didos Bett schlafen. Das ist auch so, als würdest du woanders schlafen!"
Duffi zögert. „Na gut ..."
Im Flur hören sie lautes Gepolter. Dido schleppt einen großen Koffer zur Haustür.
„Was wird das denn?", fragt Mama.
„Ich habe gepackt!", ruft Dido, „ich verreise doch!"
Mama lacht. „So ein Quatsch! Du schläfst doch nur heute Nacht bei Igor. Da braucht man keinen Koffer voller Sachen!" Gemeinsam mit Dido bringt sie den Koffer zurück ins Kinderzimmer. Dann packen sie Didos Schlafanzug in eine Tasche. Und seine Zahnbürste auch.
„Soll ich deinen Dino auch in die Tasche legen?", fragt Mama. Dido schüttelt den Kopf. „Den brauche ich heute Nacht nicht!"
Mama schaut verwundert. „Bist du ganz sicher?", fragt sie noch einmal. Dido nickt. Er ist sich ganz sicher. Da klingelt es auch schon an der Tür. Dido rennt vor. Im Flur steht sein Freund Igor. „Wann kommst du denn?", ruft er ungeduldig. „Ich warte schon ewig!"
Dido bekommt noch einen Kuss von Mama. Er nimmt seine Tasche und geht zu den Nachbarn rüber.
„Viel Spaß!", ruft Mama, aber Dido hört sie schon nicht mehr. Er stürmt hinter Igor her. Igor hat viele bunte Bauklötze.

Gemeinsam bauen sie daraus einen riesigen Turm. Und eine Brücke und eine Straße. Sie fahren mit ihren Holzautos auf der Straße. Immer schneller. O weh! Dido ist zu schnell gefahren und er fährt den ganzen Turm um. Alle Bauklötze purzeln auf den Boden.

„Macht nichts!", ruft Igor. „Wir bauen einen neuen Turm!"
Gerade als sie anfangen wollen, schaut Igors Mama durch die Tür. „Es gibt Abendessen, ihr Turmbauer!", ruft sie. „Der Turm muss bis morgen warten!"

Der Papa von Igor sitzt schon am Tisch. „Oh, wir haben ja Besuch!", ruft er fröhlich, als er Dido sieht.

Dido grinst und setzt sich neben ihn an den Tisch. Hm! Das Essen riecht ganz toll! Nudeln mit Soße isst Dido besonders gerne. Und es schmeckt bei Igors Mama noch viel besser als

zu Hause. Dido isst noch einen zweiten Teller Nudeln. Und noch einen Nachtisch. Puuh! Nun ist sein Bauch aber voll!
„Wir machen jetzt erst einmal das Bett für Dido fertig!", sagt Igors Papa. Igor und Dido dürfen ihm helfen. Dido darf in einem roten Schlafsack schlafen.
„Wenn ihr jetzt ganz schnell ins Bad saust, lese ich euch noch eine Geschichte vor!", verspricht die Mama. Das lassen die beiden sich nicht zweimal sagen. Ruck, zuck sind sie gewaschen und haben sich die Zähne geputzt. Und als Mama ins Kinderzimmer kommt, liegt Igor in seinem Bett und Dido im roten Schlafsack. Igors Mama setzt sich zwischen den beiden hin und liest vor. Eine superspannende Piratengeschichte. Dann klappt die Mama das Buch zu und gibt beiden einen Gutenachtkuss. Leise schließt sie die Tür.
„Du, Igor!", flüstert Dido, „wirst du später auch Pirat?"
Igor gähnt. „Wäre schon toll!", flüstert er zurück.
„Ich war schon mal auf einem Schiff", erzählt Dido leise.
Aber Igor antwortet nicht mehr. Er träumt schon. Auch Dido macht die Augen zu. Zu doof, dass er seinen Dino nicht mitgenommen hat. Er dreht sich auf die eine Seite. Und dann wieder auf die andere Seite.
Plötzlich setzt sich Dido erschreckt auf: Was war das denn für ein Geräusch?
„Du, Igor", flüstert er, „hast du das auch gehört?"
Igor schläft aber tief und antwortet nicht.
Dido legt sich wieder hin, aber er kann und kann nicht einschlafen. Leise steht er auf und geht ins Wohnzimmer.

Dort sind Igors Mama und Papa. „Nanu!", sagt Igors Mama verwundert, „kannst du nicht schlafen, Dido?"
Dido schüttelt den Kopf. Eine Träne rollt ihm über die Wange. Igors Mama nimmt ihn auf den Schoß. „Hast du Heimweh?", fragt sie leise. Dido schüttelt wieder den Kopf. Er schluckt. „Ich glaube, mein Dino kann nicht allein einschlafen", sagt er.
Igors Mama nickt. „Das ist gut möglich", sagt sie, „vielleicht ist es dann besser, ich bringe dich nach Hause, oder?"
„Ja", flüstert Dido.
Didos Mama macht die Tür auf.
„Ja, wen haben wir denn da?", fragt sie.
„Dido hat Angst, sein Dino könne nicht allein schlafen", erklärt Igors Mama.
„Na, dann geh mal schnell zu ihm!", sagt Mama.
Dido rennt ins Kinderzimmer. Leise macht er die Tür auf. Da sitzt sein Dino auf dem Kopfkissen! Dido drückt ihn an sich.
Duffi reibt sich erstaunt die Augen. „Was ist denn los?", fragt sie.
„Ich hatte Angst, dass der Dino nicht allein schlafen kann", erklärt Dido seiner Schwester. Dann kuschelt er sich mit Dino zu Duffi unter die Decke. „Und selber hatte ich auch ein kleines bisschen Angst", flüstert er.

Das Sandmädchen

Im Sternbild Kassiopeia kreist ein kleiner Planet. Und dort, wo es hohe Sandberge und tiefe Traumtümpel gibt, wo auf den Wiesen Silberschafe weiden und in den Bodenlöchern Gluckerzwerge schnarchen, dort wohnt der Sandmann.
Es ist sehr schön in dem Land, wo die Träume herkommen. Leider gibt es dort keine Kinder. Nur ein kleines Mädchen. Es heißt Lunika und ist die Tochter des Sandmanns.
Oft fühlt sich Lunika einsam. Ob es überall so aussieht wie hier? Irgendwo muss es doch jemanden geben, der so ist wie sie! Und der Lust hat, mir ihr zu spielen!
„Nimm mich doch mal mit auf die Erde, Papa", bettelt Lunika fast jeden Abend. Die Antwort kennt sie längst.
„Du bist noch zu klein, Lunika", sagt Papa jedes Mal.
Und dann geht er allein fort – mit seiner Tarnkappe und dem großen Sandsack.
„Ich bin gar nicht mehr klein. Und wenn mich Papa nicht mitnehmen will, dann gehe ich eben allein! Ich will endlich wissen, wie es auf der Erde ist!"
Sie hat sich schon einen Plan ausgedacht. Am nächsten Abend will der Sandmann wieder fortgehen.
„Tschüss, Lunika", sagt er und beugt sich herunter, damit Lunika ihm einen Gutenachtkuss auf die Wange drücken kann. Aber diesmal umarmt Lunika ihn nicht. Er bekommt auch keinen Kuss wie sonst. Lunika steht ganz steif vor ihm.

„Schlaf gut", ruft sie dann plötzlich und wirft ihm eine Handvoll Traumsand ins Gesicht. Ein gemeiner Trick.
Aber wie soll sie Papa sonst zum Einschlafen bringen? Der Traumsand wirkt sofort. Papa hat nicht einmal mehr Zeit zum Schimpfen. Er rollt nur mit den Augen und fängt an zu gähnen. Dann fällt er um und schnarcht.
Lunika zupft ihren Vater, um auszuprobieren, ob er auch wirklich fest schläft. Das tut er. Lunika schiebt ihm ein weiches Kissen unter den Kopf. Dann holt sie ihr Wolken-Surfbrett. Damit saust sie los, in die Sternennacht hinein, Richtung Erde.
Das Weltall ist riesig, aber überall leuchten die Sterne. Hoppla, eine Sternschnuppe! Fast wäre Lunika mit ihr zusammengestoßen. Im letzten Moment kann Lunika ausweichen.
Dort vorne steht schon ein Haus. In den Fenstern schimmert Licht. Vorsichtig fliegt Lunika näher heran, hockt sich aufs Fensterbrett und schaut neugierig ins Zimmer.
Eine Mama sitzt auf der Bettkante und liest ihren beiden Kindern eine Gutenachtgeschichte vor. Dann gibt sie jedem Kind einen Kuss und knipst das Licht aus.
„Bist du schon müde, Sarah?", flüstert der Junge im Dunkeln.
„Überhaupt nicht", antwortet Sarah.
„Du, Jonas?"
„Nein", sagt Jonas. „Komm, lass uns noch ein bisschen aus dem Fenster gucken und die Sterne zählen." Er knipst die Taschenlampe an.

Die beiden Kinder schlüpfen aus dem Bett und laufen zum Fenster. Lunika auf dem Fensterbrett drückt sich dicht an die Hauswand, um nicht gesehen zu werden. Sarah lehnt sich aus dem Fenster und schaut in den Nachthimmel.

„So viele Sterne." Sie seufzt. „Wunderschön. Mindestens vierunddreißig."

„Bestimmt mehr als hundertdreizehn", meint Jonas.

„Es sind viele, viele Tausend Sterne", rutscht es Lunika heraus. Die Kinder schauen nach links, wo sich Lunika an die Hauswand drückt.

„Nanu", sagt Jonas verwundert. „Wer bist du denn?"

„Ein Gespenst?", ruft Sarah erschrocken. „Oder ein Vampir?"

„Quatsch, das ist doch nur ein Mädchen", sagt Jonas gleich. „Es sieht richtig nett aus."

„Ich bin Lunika", stellt sich Lunika vor.

„Und wie kommst du auf unser Fensterbrett?", fragt Sarah.

Lunika schwingt ihre Beine übers Fensterbrett. Jetzt baumeln ihre Füße ins Zimmer. „Mit meinem fliegenden Surfbrett.

Ich komme von einem kleinen Planeten im Sternbild Kassiopeia."
„Und wir heißen Sarah und Jonas", sagt Sarah. Sie schaut Lunika bewundernd an. „Kommst du wirklich vom Sternbild Kassiopeia?"
Lunika nickt. Sie erzählt, dass sie die Tochter des Sandmanns ist und wie es auf dem Planeten im Sternbild Kassiopeia aussieht. Und dann gesteht sie, dass sie ihren Papa mit einem Trick überlistet hat, um endlich einmal andere Kinder kennenzulernen.
„Du hast ein Surfbrett, das fliegen kann?" Jonas beugt sich neugierig aus dem Fenster. Er sieht, wie das Brett in der Luft schwebt. „Ich will schon lange mal fliegen."
„Ich auch", ruft Sarah gleich. „Bitte!"
„Na gut", sagt Lunika. „Aber ihr müsst euch an mir festhalten, damit ihr nicht runterfallt."
Die Kinder klettern aus dem Fenster und steigen auf Lunikas Surfbrett. Lunika schlingt ihre Arme um die beiden.

„Wenn euch schwindelig wird, dann müsst ihr es gleich sagen."

„Versprochen!", antworten Sarah und Jonas.

Und schon geht der Flug los. Sie steigen auf in den Nachthimmel. Von oben sehen die Häuser ganz klein aus. Und wie wunderbar überall die Lichter in den Fenstern leuchten ... Mitten im Dorf glänzt der kleine Weiher. Die Enten haben längst ihre Köpfe ins Gefieder gesteckt und schlafen.

„Dort drüben wohnen Philipp und Jana, unsere Freunde", sagt Sarah und deutet auf ein mehrstöckiges Haus. „Die werden Augen machen, wenn sie hören, was wir heute Nacht erlebt haben."

„Und auf deinem Planeten gibt es wirklich keine anderen Kinder?", fragt Jonas.

„Leider nicht." Lunika schüttelt den Kopf.

„Dann hast du ja auch keine Freunde", stellt Sarah fest.

„Das muss doch langweilig sein. Spielst du immer allein?"

„O nein." Lunika erzählt, wie sie den Gluckerzwergen abgewöhnt hat, die Silberschafe am Schwanz zu ziehen. Und wie schön es ist, in den Traumtümpeln zu tauchen und in den Sandbergen tolle Burgen zu bauen.

„Natürlich würde es noch mehr Spaß machen, wenn ich andere Kinder um mich hätte", seufzt Lunika leise, als sie über dem Dorf kreisen.

„Vielleicht können wir dich ja mal besuchen", schlägt Jonas vor. „Ich würde auch gerne mal in einem Traumtümpel tauchen."

„Und ich will die Gluckerzwerge sehen", sagt Sarah.
„Es wäre toll, wenn ihr mich besuchen würdet", meint Lunika begeistert. „Dann könnten wir von den Sandbergen runterrutschen und sehen, wer am schnellsten ist. Und wir könnten auf den Mondschafen reiten – vielleicht zum Sterngebirge oder zur Lichtflockenwiese."
„Meinst du, dein Papa erlaubt, dass wir kommen?", fragt Sarah.
„Ich werde ihn fragen", verspricht Lunika. Plötzlich stutzt sie. „Warum wird mein Wolken-Surfbrett plötzlich so langsam? Hat da jemand gegähnt?"
„Das war ich", antwortet Jonas.
„Gähnen bremst", erklärt Lunika. „Ich glaube, es wird höchste Zeit, dass ihr wieder in eure Betten kommt."
Sie fliegen zurück. Sarah und Jonas klettern übers Fensterbrett in ihr Zimmer zurück und verabschieden sich von dort von Lunika. Lunika muss versprechen, auf alle Fälle bald wiederzukommen.
„Dann nehme ich euch vielleicht schon zum Sternbild Kassiopeia mit", sagt Lunika und winkt zum Abschied.
Auf dem Nachhauseflug ist sie sehr vergnügt. Endlich hat sie andere Kinder kennengelernt und Freunde gefunden. Und jetzt weiß sie auch, wie es auf der Erde aussieht.
Als sie zu Hause ankommt, reibt sich Papa gerade die Augen.
„Nanu, was ist denn passiert?" Er schaut auf seine Armbanduhr und erschrickt.

„Ich bin viel zu spät dran! Wie konnte ich nur verschlafen? Das ist noch nie vorgekommen."

Lunika wird rot. Papa sieht es.

„Du bist schuld", sagt er. „Jetzt erinnere ich mich wieder. Du hast mir Traumsand ins Gesicht geworfen!"

„Nicht schimpfen", bettelt Lunika. „Ich habe nur einen Ausflug zur Erde gemacht. Du hast mich ja nie mitgenommen. Ich habe es satt, nur immer mit den Silberschafen und den Gluckerzwergen zu spielen. Stell dir vor, auf der Erde habe ich gleich Freunde gefunden. Sie heißen Sarah und Jonas."

„Zwei Menschenkinder?", fragt Papa.

„Ja." Lunika erzählt, was sie unterwegs erlebt hat.

„Ich finde es gar nicht gut, dass du heimlich weggeflogen bist", sagt Papa. „Und der Trick mit dem Traumsand war auch nicht besonders nett."

Aber richtig böse ist er seiner Tochter nicht.

„Wenn ich geahnt hätte, wie sehr du dich nach anderen Kindern sehnst, hätte ich dich schon längst mitgenommen."

Lunika schmiegt sich an ihren Papa.

„Ich darf in Zukunft also mit? Und Sarah und Jonas dürfen mich auch mal besuchen?"

Papa nickt.

„Ich hab ihnen nämlich schon vorgeschwärmt, wie schön es hier ist." Lunika gibt dem Sandmann einen dicken Kuss auf die Wange. „Du bist der beste Papa im ganzen Weltall!"
„Das will ich auch meinen!", sagt Papa zufrieden und hält ihr auch noch die andere Wange zum Küssen hin.

Wer küsst den kleinen Igel?

Es ist nicht zu übersehen: Paulchen Igel hat sich verändert. Früher ist er immer fröhlich gewesen. Er hat Witze erzählt und die anderen Tiere mit seiner guten Laune aufgemuntert. Eine richtige Stimmungskanone! Deswegen ist er bei den anderen Tieren auch sehr beliebt.
Aber seit ein paar Tagen hockt Paulchen nur noch traurig herum. Er geht kaum noch spazieren, sondern starrt die meiste Zeit Löcher in die Luft. Wenn man ihn anspricht, antwortet er kaum.
Die Tiere im Wald fangen an zu tuscheln. Sie machen sich große Sorgen um Paulchen Igel.

„Vielleicht ist Paulchen krank?",
vermutet das Eichhörnchen.
Also rufen sie den Uhu. Der Uhu ist
alt und weise. Er hat schon vielen
Tieren geholfen.
Als der Uhu kommt, fühlt er Paulchens Puls und misst seine
Temperatur.
„Fieber hast du nicht, Paulchen", sagt der Uhu. „Dein
Herz schlägt auch ganz normal.
Was ist bloß mit dir los?"
„Mein Herz schlägt wirklich
normal?", wundert sich Paulchen Igel.
„Ja", sagt der Uhu. „Was ist denn mit deinem Herzen?"
Paulchen Igel seufzt. „Ach, in der letzten Zeit ist es schwer
wie ein Stein. Mir ist es egal, ob es regnet oder ob die Sonne
scheint. Ich kann mich überhaupt nicht mehr freuen."
„Gibt es denn einen Grund dafür?", fragt der Uhu vorsichtig
nach.
„Ich hätte so gerne eine Freundin", sagt Paulchen Igel
sehnsüchtig. „Alle um mich herum sind zu zweit: Das
Eichhörnchen Wuschel hat seine Winnie, Dachs Dirk hat
sich in Dina verliebt, und Freddy und Finchen, die beiden
Grünfinken, sind schon lange ein Paar. Ich hätte so gerne
auch eine Freundin. Aber wer will schon einen Igel küssen?"
„Aha", murmelt der Uhu, „jetzt wundere ich mich nicht

mehr, dass du so traurig bist. – Hm, schwerer Fall. Leider gibt es für deinen Kummer keine Tropfen und keine Kräuter. Aber ich verspreche dir, dass wir uns etwas einfallen lassen."
„Hoffentlich." Paulchen Igel seufzt wieder.
Vom Uhu erfahren die Waldtiere, was mit Paulchen los ist.
„Wir müssen ihm unbedingt helfen", meint das Eichhörnchen. „Sonst wird er vielleicht noch schlimmer krank. Wir müssen jemanden finden, der den kleinen Igel küsst."
Die Ente hat ein gutes Herz.
„Na gut, wenn er durch einen Kuss wieder gesund wird, dann werde ich es mal versuchen."
Sie watschelt los. Paulchen Igel blickt ihr erwartungsvoll entgegen. Die Ente sieht seine spitzen Stacheln und wird immer langsamer. Jetzt hat sie doch keine so große Lust mehr, ihn zu küssen.
„Hallo, Paulchen Igel", ruft sie. „Ich wollte nur mal nach dir sehen."
„Nett von dir", sagt Paulchen Igel und lässt den Kopf wieder hängen.

„Ich hab das mit dem Kuss einfach nicht geschafft", sagt die Ente etwas später zu den anderen Tieren.

„So schwer kann das doch nicht sein", meint Beate, das Bibermädchen. „Ich werde gehen."

Sie verlässt den Bach und läuft in den Wald zum Igel. Paulchen Igel hockt auf einem Laubhaufen und sonnt sich mit geschlossenen Augen.

Beate sieht seine Stacheln. O weh, so viele und so spitz! Das hat sie sich doch anders vorgestellt. Leise, ganz leise, damit Paulchen Igel nichts bemerkt, schleicht sie sich wieder davon.

Die Tiere im Wald beraten noch einmal. „Was sollen wir nur tun?"

„Ich habe keine Angst vor spitzen Stacheln", verkündet Dina, die Dachsfrau. „Aber wenn ich Paulchen Igel küsse, dann wird mein Dirk eifersüchtig und ich kriege großen Ärger."

Auch die Ringelnatter lehnt es ab, den Igel zu küssen. „Ich habe eine so empfindliche Haut."

„Für mich kommt nur ein Freund mit weichem Fell in Frage", meint Hanna Hase und stellt ihre langen Ohren auf.

„Ich würde ja furchtbar gerne den kleinen Igel küssen", sagt Schleimi, die Nacktschnecke. „Aber alle behaupten, dass meine Küsse so schrecklich feucht und schleimig sind."

In der Runde herrscht betretenes Schweigen. Jetzt wissen die Tiere keinen Rat mehr. Muss Paulchen Igel vielleicht für immer traurig bleiben? Der arme Kerl!

„Ist denn wirklich niemand da, der den kleinen Igel küssen will?", fragt das Eichhörnchen verzweifelt.

Da meldet sich Otti, das Fischotter-Mädchen.
„Hurra!" Alle klatschen laut Beifall. „Na endlich! Paulchen Igel ist gerettet!"
Aber Otti wehrt ganz schnell ab. „Nein, nein, ihr irrt euch. Ich werde Paulchen Igel nicht küssen, denn ich bin seit kurzem mit Otto zusammen."
Die anderen Tiere machen enttäuschte Gesichter.
„Aber drüben am anderen Bachufer ist vor ein paar Tagen eine kleine Igelin aufgetaucht", erzählt Otti eifrig. „Die könnten wir fragen, ob sie Paulchen Igel küssen will."
Die Tiere finden den Vorschlag sehr gut. Otti und Beate schwimmen gleich durch den Bach und suchen die Igelin. Die Igelin spaziert gerade am Bachufer entlang. Sie ist auf der Suche nach Futter. Erstaunt hebt sie den Kopf, als Otti und Beate plötzlich vor ihr auftauchen.

„Hallo", grüßen die beiden. „Du bist neu in der Gegend, nicht wahr?"

„Ja", antwortet die Igelin. „Habt ihr was dagegen? Ich weiß noch nicht, ob ich hier bleibe oder ob ich weiterziehe."

„Du könntest uns einen sehr großen Gefallen tun", sagt Otti und erzählt der Igelin die Sache mit Paulchen Igel.

Die Igelin überlegt. „Ich weiß nicht", sagt sie zögernd.

„Nur ein einziger Kuss", meint Beate. „Vielleicht genügt das schon, dass Paulchen Igel wieder fröhlich wird."

Die Igelin lässt sich überreden. Auf Beates Rücken wird sie zum anderen Ufer gebracht. Otti erklärt ihr, wie sie zu dem kleinen Igel kommt.

„Erst links, dann rechts, dann immer geradeaus. Viel Glück!"

Die Igelin marschiert los. Sie ist ein bisschen aufgeregt. Es passiert ja nicht jeden Tag, dass sie jemanden küssen soll.

Paulchen Igel hockt im Gras und schaut einem Schmetterling zu, der auf einer Mohnblume sitzt.

„Hallo", sagt plötzlich eine Stimme. „Bist du Paulchen Igel?"

„Der bin ich", sagt Paulchen Igel und dreht verwundert den Kopf.

Vor ihm steht die Igelin. „Äh ... ich heiße Inge."

Sie sehen sich an. Tief in die Augen. Paulchen Igel merkt, wie sein Herz auf einmal ganz leicht wird. Und Inge ist sehr verwirrt. Das ist ihr noch nie passiert, dass ihr jemand auf Anhieb so gut gefallen hat.

„Äh ... ich bin hergekommen, um dich ... äh ... ich weiß es nicht mehr."

Inge hat in diesem Moment alles vergessen. Sie sieht nur noch Paulchen Igel.

Paulchen Igel macht zaghaft ein paar Schritte auf sie zu. Dann berühren sich ihre Schnäuzchen. Es ist ein ganz zarter Kuss – und beide finden ihn wunderschön.

Paulchen Igel ist glücklich wie noch nie. Endlich hat er eine Freundin gefunden.

Die anderen Tiere sind auch sehr froh, dass Paulchen Igel wieder der Alte ist. Und noch lange erzählt man sich im Wald die Geschichte vom kleinen Igel, der zuletzt doch noch einen Kuss gekriegt hat.

Quellenverzeichnis

Daniel Napp, Ingrid Kellner
„Sissi Seesternchen"
© Ravensburger Buchverlag

Alexandra Junge, Ingrid Kellner
„Von Uromi, Babyschwester und zwei Papas für Jule"
© Ravensburger Buchverlag

Marion Elitez, Hermien Stellmacher
„Von Schluckaufzauber, fliegenden Besen und Hexenkindern"
© Ravensburger Buchverlag

Betina Gotzen-Beek, Manfred Mai
„In den Kindergarten geh ich gerne"
© Ravensburger Buchverlag

Maria Wissmann, Ingrid Uebe
„Von kleinen Gespenstern und Vampiren"
© Ravensburger Buchverlag

Dagmar Geisler
„Ene mene mu, mein Freund bist du!"
© Ravensburger Buchverlag

Silvio Neuendorf, Erwin Grosche
„Herr Herbstein und die bravsten Kinder der Welt"
© Ravensburger Buchverlag

Hermien Stellmacher
„Dido, kleiner Drache"
© Ravensburger Buchverlag

Regine Altegoer, Marliese Arold
„Vom Träumen, Kuscheln und Fliegen"
© Ravensburger Buchverlag

Bibliografische Information der Deutschen Nationalbibliothek:
Die Deutsche Nationalbibliothek verzeichnet
diese Publikation in der Deutschen Nationalbibliografie;
detaillierte bibliografische Daten sind im Internet über
http://dnb.d-nb.de abrufbar.

1 2 3 4   D C B A
© 2019 Ravensburger Buchverlag Otto Maier GmbH
Postfach 18 60 · 88188 Ravensburg
Umschlagillustration: Pina Gertenbach

Printed in Germany
ISBN 978-3-473-36590-6
www.ravensburger.de